Mittsommerland
in Rot und Weiß

Skandinavische Designideen

Nadja Knab-Leers • Heike Roland • Stefanie Thomas

Mittsommerland
in Rot und Weiß

Skandinavische Designideen

Inhalt

Vorwort 5

❦

Vår trädgård 6

Setzen Sie in diesem Jahr fröhliche Akzente in Rot und Weiß in Ihrem Garten.
Ob als stimmungsvolle Dekorationen wie Windlichter und Wimpel-Girlande oder
praktische Utensilien wie Gießkanne oder Gartenschürze – die Farben Rot und Weiß
sind im grünen Garten immer Hingucker.

❦

Små användbara ting 26

Grauer Alltag? Von wegen! Mit diesen praktischen kleinen Helfern kommt
Abwechslung in Ihre tägliche Routine. Küchenschürzen, Handtücher & Co. erleich-
tern nicht nur das tägliche Leben, sondern machen es auch schöner.

❦

Vackra ting för hemmet 42

Brauchen Sie frische Dekoideen für Ihr Zuhause? Dann werfen Sie doch einen
Blick in dieses Kapitel. Rot-weiße Dekorationen – Kerzenarrangements, Bilderrahmen und lustige Figuren – sorgen überall für gute Laune.

❦

För dig! 70

Rot-weiße Fröhlichkeit zu verschenken! Machen Sie lieben Freunden, Verwandten
und Bekannten doch bei der nächsten Gelegenheit mal ein Geschenk in den
Farben Rot und Weiß. Auch eine Grußkarte übermittelt gute Wünsche in dieser
lustigen Farbkombination.

❦

Service 82

In diesem Kapitel werden Grundtechniken wie Nähen, Serviettentechnik
oder Holzarbeiten erklärt, die für das Nacharbeiten der einzelnen Modelle benötigt
werden. Neben nützlichen Tipps und Tricks finden Sie hier auch die Vorlagen für die
Modelle.

❦

Impressum und Autorinnen 96

Dekorationer i rött och vitt

Rot und Weiß – eine Farbkombination, die voll im Trend liegt. Der lebendige Kontrast von klarem Weiß und leuchtendem Rot ist Ausdruck purer Lebensfreude und ausgelassener Fröhlichkeit. Die Farben von Erdbeeren mit Sahne und von Fliegenpilzen lassen uns auch an Skandinavien denken, nicht zuletzt wegen der roten Holzhäuser mit ihren strahlend weißen Fensterrahmen und Türen. Deshalb haben wir uns von diesen beiden Farben – und ihren zarten rosafarbenen Zwischentönen – zu dem vorliegenden Buch inspirieren lassen.

Um die Fröhlichkeit und Lebendigkeit von Rot und Weiß in Ihren Alltag zu tragen, haben wir hübsche Dekorationen und praktische Dinge für drinnen und draußen gestaltet: Mit gemütlichen Kissen und stimmungsvollen Lichtern lässt sich wunderbar im Garten entspannen und Gartenschürze und Kniekissen sorgen für gute Laune bei der Gartenarbeit. Im Haus setzen Rot und Weiß lustige Akzente mit kleinen Figuren, Küchenutensilien und stimmungsvollen Dekorationen wie Vasen oder Bilderrahmen. Außerdem sind kleine Geschenkideen dabei, mit denen man rot-weiße Fröhlichkeit verschenken kann.

Lassen Sie sich anstecken von unserer Begeisterung für die Farben Rot und Weiß! Wir wünschen Ihnen viel Spaß beim Nacharbeiten der Modelle.

Vår trädgård

In der warmen Jahreszeit hat das Haus
ein weiteres Zimmer — den Garten.
Im Garten wird gelebt und gearbeitet:
Um die Zeit im Garten noch ein wenig
bunter und fröhlicher zu machen, haben wir
uns Dekorationen wie Kissen und
Windlichter einfallen lassen. Auch praktische
Utensilien, die man für die Gartenarbeit
benötigt, wie zum Beispiel Gießkanne,
Kniekissen und Gartenschürze, haben wir
in Rot und Weiß gestaltet.

Menü

Vi firar en fest!

Wir feiern ein Fest!

Patchwork-Tischdecke

Blümchenstoff in Rot-Weiß, 2 m • Baumwollstoff mit Gemüsedekor, 1 m • Pünktchenstoff in Rot-Weiß, 50 cm • Karostoff in Rot-Weiß, 50 cm • Zackenlitze in Rot, 1 cm breit, 7 m • Vliesofix, 1 m • Skizze Seite 84

Für den Mittelteil der Tischdecke werden insgesamt 28 Quadrate mit den Maßen 20 cm x 20 cm benötigt: zehn Quadrate aus Blümchenstoff, acht Quadrate aus gepunktetem Stoff und zehn Quadrate aus Karostoff.
Die Quadrate werden gemäß der Skizze (siehe Seite 84) aneinandergenäht. Dabei zunächst vier Längsstreifen mit je sieben Quadraten zusammennähen. Alle Nahtkanten zusammen versäubern und die Nahtzugaben im Wechsel nach innen bzw. nach außen bügeln. Nun alle vier Längsstreifen rechts auf rechts gemäß der Skizze zusammennähen.
Achten Sie dabei darauf, dass die Quadrate exakt aneinanderstoßen und die Nahtzugaben versetzt liegen. Bis auf die Außenkanten alle Nähte zusammen versäubern und Nahtzugaben im Wechsel nach innen bzw. außen bügeln.

Für die Einfassung des Mittelteils werden zwei Streifen mit den Maßen 140 cm x 35 cm und zwei Streifen mit den Maßen 150 cm x 35 cm benötigt. Zunächst die langen Stoffstreifen an die Längskanten, dann die beiden kurzen Streifen an die Querkanten des Mittelteils nähen, zusammen versäubern und ausbügeln. Nun die Außenkanten der Einfassung versäubern, nach links bügeln und von rechts Zackenlitze aufsteppen, sodass die Bögen etwas überstehen.

Das Vliesofix auf die Größe des jeweiligen Motivs grob zuschneiden und gemäß den Angaben auf Seiten 82 auf die Quadrate des Mittelteils bügeln.

Laternen

Pünktchenstoff in Rot-Weiß, 30 cm • Baumwollstoff mit Gemüsedekor, 30 cm • Karostoff in Rot-Weiß, 18 cm • Blümchenstoff in Rot-Weiß, 17 cm • Vichykaroband in Rot-Weiß, 5 mm und 1,5 cm breit • Satinband in Rot-Weiß gepunktet, 1,5 cm breit • Pappdosen in Weiß, ø 9,5 und ø 13 cm • Textilkleber • Iron-on-Bügelfolie • Ösen in Weiß, ø 4 mm, mit Ösenwerkzeug • Vliesofixrest

Für den Laternenboden der großen Laterne wird der Dosendeckel mit ø 13 cm, für den Laternenboden der kleinen Laternen werden Deckel und Unterteil der Dose mit ø 9,5 cm verwendet.

Der Stoff und die Iron-on-Bügelfolie werden in folgenden Größen benötigt: 23 cm x 45 cm für die gepunktete Laterne, 18 cm x 35 cm für die karierte Laterne und 16 cm x 32 cm für die Laterne mit Blümchenmuster. Den Stoff nach Herstellerangaben auf die Folie bügeln.

Vor dem Zusammenkleben der Laternen werden zwei Ösen mit dem entsprechenden Werkzeug gegenüberliegend platziert und die Motive mit Vliesofix nach Anleitung auf Seite 82 mittig auf die Hülle gebügelt. Die Laternenhülle mit Textilkleber an dem entsprechenden Dosenteil befestigen, dabei die Zugaben übereinanderkleben. Die obere und untere Stoffkante mit Karo- oder Satinband bekleben. Für die Aufhängung das Band durch die Ösen ziehen und die Enden innen verknoten.

Servietten

Blümchenstoff in Rot-Weiß, 50 cm • Baumwollstoff mit Gemüsedekor, 30 cm • Zackenlitze in Rot, 1 cm breit • Satinband in Rot-Weiß gepunktet, 1,5 cm breit • Füllwatte • Rocailles in Grün

Für die Serviette Blümchenstoff mit den Maßen 45 cm x 45 cm zuschneiden und die Außenkanten versäubern. Die versäuberten Kanten nach links bügeln und die Zackenlitze von links rundum so feststeppen, dass die Bögen von rechts sichtbar sind.

Für den Anhänger das gewünschte Motiv grob ausschneiden, rechts auf rechts auf einen Rest Blümchenstoff stecken und entlang den Konturen aufeinandersteppen, dabei 2 cm zum Verstürzen offen lassen. Das Motiv verstürzen, ausbügeln, mit Füllwatte ausstopfen und die Öffnung mit Matratzenstich von Hand zunähen. Für den Perlenaufhänger werden 18 Rocailles aufgefädelt und als Schlaufe an das Motiv genäht. Nun kann der Anhänger mit einem Band um die gefaltete Serviette gelegt werden.

Menükarte

Bastelkarton in Rot–Weiß gepunktet • Kopierpapier in Weiß •
Vliesofixrest • Baumwollstoffrest mit Gemüsedekor
• Textilstift in Rot

Den Karton auf die Maße 21 cm x 25 cm zuschneiden
und der Länge nach mittig falten. Das Kopierpapier
als Einlegekarte 2 mm bis 3 mm kleiner zuschneiden und
falten. Das Motiv mit Vliesofix nach Anleitung auf
Seite 82 auf die Karte aufbügeln und mit Textilstift
beschriften. Den Einleger mit der Menüfolge
beschriften und in die Karte legen.

Gießkannenvase

Metallgießkanne, 21 cm x 10 cm • Satinband in Rot–Weiß
gepunktet, 1,5 cm breit • Streuteil „Gemüse"

Das Satinband auf eine Länge von 70 cm zuschneiden
und um die Gießkanne zur Schleife binden.
Das Gemüsestreuteil mittig auf die Kannenvorderseite
kleben. Für diese Tischdekoration wurde die kleine
Gießkanne mit Petersilie gefüllt.

För trädgårdsarbetet

för die Gartenarbeit

Gartenschürze

Pünktchenstoff in Rot-Weiß, 60 cm • Blümchenstoff in Rot-Weiß, 30 cm • Karostoff in Rot-Weiß, 20 cm • Pünktchenstoffrest in Rot-Weiß • Volumenvlies HH 650, 1,50 m breit, 30 cm • Gewebeeinlage G 710, 1 m • Vliesofix, 15 cm • vorgefalztes Baumwollschrägband in Rot-Weiß kariert, 2 cm breit, 1,10 m • Vichykaroband in Rot-Weiß, 5 mm breit, 20 cm • Wäscheklammern aus Holz • Acrylfarbe in Karminrot • Klarlack, matt • Streuteile „Fliegenpilz" • Vichykaroband, 5 mm breit • Vorlage Seite 84 und Skizze Seite 94

Für die Grundform der Schürze werden zwei Pünktchenstoffteile mit den Maßen 55 cm x 28 cm benötigt. Beide Teile links auf links aufeinanderlegen, das auf dieselben Maße zugeschnittene Volumenvlies dazwischenlegen und einbügeln. Für die Taschen wird je ein Teil aus Pünktchenstoff und geblümtem Stoff mit den Maßen 71 cm x 24 cm benötigt. Auf beide Teile von links die Gewebeeinlage (zweimal 71 cm x 24 cm) aufbügeln. Für das Bindeband benötigen Sie einen Karostoffstreifen und Gewebeeinlage mit den Maßen 230 cm x 8 cm. Setzen Sie, um die gewünschte Länge zu erreichen, jeweils zwei Streifen aneinander. Den Stoff von links mit Gewebeeinlage versehen.

❀

Die beiden Stoffteile für die Taschen rechts auf rechts an einer Längsseite aufeinanderstecken, mit 1 cm Nahtzugabe zusammennähen, verstürzen, die Naht ausbügeln und füßchenbreit absteppen. In das Taschenteil gemäß der Skizze (siehe Seite 94) Falten bügeln und alle Faltenbrüche innen und außen knappkantig absteppen. Beachten Sie dabei, dass der geblümte Stoff bei der fertigen Schürze außen ist.

❀

Das Taschenteil entlang einer Längskante auf die Grundform legen, die Ecken abrunden, beide Teile feststecken und knappkantig absteppen. Achten Sie darauf, die Falten mitzufassen. Die jeweilige Faltenmitte der Länge nach markieren, auf der Grundform feststecken und feststeppen. Das vorgefalzte Schrägband auf die Hälfte bügeln und die Schürze damit rundum einfassen, die obere Längskante dabei jedoch aussparen.

❀

Die Stoffstreifen für das Schürzenband aneinandernähen, bis die gewünschte Länge erreicht ist. An beiden Längskanten 1 cm Zugabe nach links umschlagen und durch Bügeln fixieren, dann den Streifen der Länge nach auf die Hälfte bügeln. Beide Enden abschrägen, die schrägen Kanten rechts auf rechts knappkantig zusammensteppen und verstürzen. Die obere Längskante des Schürzenteils mittig zwischen die offene Kante des Bandes schieben und mit 1 cm Überlappung zusammenstecken. Das Band knappkantig zustepen, dabei die Schürze mitfassen.

❀

Die Pilze gemäß Anleitung auf Seite 82 mit Vliesofix aufbringen. Das Karoband zur Schleife binden und von Hand auf den großen Pilz nähen. Die Wäscheklammern zweimal mit Acrylfarbe bemalen und mit Klarlack versiegeln. Die Fliegenpilze und das zur Schleife gebundene Karoband mittig aufkleben.

Kniekissen

beschichteter Pünktchenstoff in Rot-Weiß, 1,10 m • Blümchenstoff in Rot-Weiß, 30 cm •
Pünktchen- und Karostoffrest in Rot-Weiß • Lamifix, 30 cm • Vliesofix, 20 cm •
Zackenschere • Füllwatte • Vorlage Seite 84

Schneiden Sie für das Kniekissen den beschichteten Baumwollstoff auf die Maße
102 cm x 34 cm (Kissenhülle) und 40 cm x 7 cm (Henkel) zu. Für die Applikationen wird
Blümchenstoff und Lamifix mit den Maßen 20 cm x 20 cm benötigt.

Die Fliegenpilzapplikationen mit Vliesofix nach Anleitung auf Seite 82 mittig
auf den Blümchenstoff bügeln. Den Blümchenstoff mit Lamifix gemäß Herstellerangaben
fixieren, die Kanten rundum mit der Zackenschere gestalten und knappkantig mittig
auf die Kissenhülle steppen. Um die Applikation genau zu positionieren,
die Kissenhülle der Länge nach links auf links legen.

Das Stoffteil für den Henkel rechts auf rechts der Länge nach auf
die Hälfte bügeln und die Längskanten füßchenbreit zunähen. Das Band verstürzen
und ausbügeln. Die Kissenhülle rechts auf rechts der Länge nach doppelt legen, den
Henkel an einer kurzen Kante im Abstand von 16 cm dazwischenlegen und
die offenen Kanten füßchenbreit zusteppen, dabei 10 cm zum Verstürzen
offen lassen. Das Kissen wenden, fest mit Füllwatte ausstopfen und die
Öffnung von Hand mit Matratzenstich zunähen.

Gartenhandschuhe

*Arbeitshandschuhe aus Leder in Weiß • großgepunkteter Stoff in Rot-Weiß,
20 cm • kleingepunkteter Stoff in Rot-Weiß, 40 cm • Gewebeeinlage G 710, 60 cm •
Zackenlitze in Weiß, 1 cm breit, 30 cm • Vorlage Bogen A und B*

Die Vorlagen auf den jeweiligen Stoff übertragen (Teil A und C jeweils
einmal auf kleingepunkteten Stoff, Teil B einmal auf großgepunkteten Stoff)
und ausschneiden. Alle Teile noch einmal aus Gewebeeinlage zuschneiden
und diese links auf den Stoff aufbügeln.

❀

Teil A und B an der geraden Kante rechts auf rechts zusammennähen –
dabei die Zackenlitze so dazwischenlegen, dass die Bögen von rechts
sichtbar bleiben – und ausbügeln. Dieses Teil rechts auf rechts
auf Teil C legen und rundum füßchenbreit zusteppen, dabei 10 cm zum
Verstürzen offen lassen. Die Stulpe auf rechts drehen und die
offene Kante von Hand mit Matratzenstich schließen.

❀

Das Klettband für den Verschluss am Handschuhuntertritt
abtrennen. Die fertige Stulpe knappkantig an den Handschuh steppen,
dabei am Obertritt den Verschlussriegel mitfassen (über Eck
steppen). Das abgetrennte Klettband zum Verschließen entsprechend
auf den Stulpenuntertritt steppen.

Gießkanne

Zinkgießkanne • Acrylfarbe in Rot und Weiß, wetterfest • Kreppklebeband •
Vorlage Seite 84

Die Gießkanne mit wetterfester Acrylfarbe in Rot und Weiß nach Abbildung
bemalen. Für die Fliegenpilze nach Vorlage Schablonen herstellen, mit Bleistift mittig auf die Gießkanne übertragen und mit Acrylfarbe ausmalen.

❀

Beim Bemalen kann es hilfreich sein, gerade Kanten mit Kreppklebeband
abzukleben. Die Bogenkante wird von Hand
aufgemalt. Bitte beachten Sie, dass alle Flächen zweimal bemalt werden
müssen, damit die Farben besser decken.

Das passt zum Modell: Passend zur Gießkanne kann man auch einen
Blumenstecker fertigen. Grundieren Sie dazu einfach einen fertig gekauften
Blumenstecker mit weißer Acrylfarbe, tragen Sie zwei- bis dreimal Tafelfarbe
auf das Textfeld und verzieren Sie den Gartenstecker wie abgebildet.

Blumentöpfe

3 verschieden große Blumentöpfe aus
unglasiertem Ton • Acrylfarbe in Weiß und Rot
• Permanentmarker in Schwarz

Bemalen Sie die Töpfe gemäß Abbildung.
Dafür mit den weißen Flächen beginnen
und die Stellen, die später in Rot
bemalt werden sollen, aussparen. Eventuell
nach dem Trocknen der weißen Flächen
noch einmal überpinseln, damit
die weiße Farbe gut deckt.

Anschließend alle Flächen an der Außenseite der Blumentöpfe und die kompletten
Innenseiten gut deckend mit roter Acrylfarbe
bemalen. Auch hier ist eventuell ein
zweiter Anstrich nötig. Die Töpfe gemäß
Abbildung mit Permanentmarker verzieren.

Kräuterstecker

Sperrholz, 4 mm stark, 20 cm x 30 cm •
Acrylfarbe in Weiß und Rot • Lackmalstift in Weiß •
Permanentmarker in Schwarz • Schleifenband
in Rot-Weiß kariert • 3 Schaschlikstäbchen •
Vorlage Seite 84

Alle Teile gemäß Vorlage aussägen
und die Kanten glatt schmirgeln. Die Schildchen
und den Rahmen gemäß Abbildung
nass in nass bemalen. Je einen Rahmen
auf ein Schild kleben.

Die Blumenstecker mit Lackmalstift
verzieren und mit Permanentmarker beschriften. Mit Heißkleber je ein Schaschlikstäbchen auf der Rückseite der Schildchen befestigen. Das Schleifenband um die Stäbchen
zur Schleife binden.

Kissen mit Applikationen

Baumwollstoff in Weiß, 52 cm x 32 cm (oberes vorderes Kissenteil) • Blümchenstoff in Rosa-Rot, 52 cm x 19 cm (unteres vorderes Kissenteil) • Baumwollstoff in Dunkelrot, 52 cm x 52 cm (rückwärtiges Kissenteil) • Textilband, 1 cm breit, in Hellblau mit rosafarbenen Blumen, 52 cm, und in Rosa mit dunkelroten Blumen, 2 x 35 cm • Zackenlitze in Rosa, 1 cm breit, 1 x 52 cm und 2 x 35 cm • Stick-Applikationen: je 1 x Vogelhaus, Blume, Vogel und Wolke • Reißverschluss in Weiß, 50 cm • Vorlage Bogen B

Die beiden rosafarbenen Textilbandstücke und die Zackenlitze auf das obere vordere Kissenteil steppen. Dabei die Zackenlitze ca. 2,5 cm vom Rand und das Band ca. 1 cm daneben positionieren. Die beiden vorderen Kissenteile rechts auf rechts zusammennähen. Das lange Stück Zackenlitze auf die Naht steppen und das hellblaue Textilband ca. 1,5 cm vom oberen Rand entfernt aufnähen. Die Applikationen gemäß Vorlage auf das vordere Kissenteil steppen. Den Reißverschluss an der unteren Kissenkante zwischen die beiden Kissenteile nähen, die beiden Kissenteile rechts auf rechts zusammensteppen und das Kissen durch den Reißverschluss wenden.

Rosenkissen

Baumwollstoff in Rosa mit Rosenmuster, 2 x 32 cm x 23 cm • Baumwollstoff in Weiß, 2 x 32 cm x 11 cm • Zackenlitze in Pink, 1 cm breit, 32 cm • Textilband mit Blumenmuster in Weiß-Rosa, 1 cm breit, 32 cm • Reißverschluss in Weiß, 30 cm

Für die Kissenvorderseite einen weißen Streifen und einen Streifen mit Rosenmuster rechts auf rechts an einer langen Seite zusammennähen und die Naht absteppen. Das Textilband ca. 1,5 cm über der Naht und die Zackenlitze ca. 1 cm darüber aufnähen. Für die Kissenrückseite den Reißverschluss zwischen die beiden übrigen Streifen nähen. Die beiden Kissenteile rechts auf rechts so zusammennähen, dass die gleichen Stoffe aufeinanderliegen. Das Kissen durch den Reißverschluss wenden.

Semester i trädgården

Urlaub im Garten

Kissen mit Streifen

Baumwollstoff in Weiß, 40 cm • Pünktchenstoffrest in Rosa-Rot • Baumwollstoffrest in Rosa mit Rauten • Blümchenstoffrest in Hellblau-Rosa • Blümchenstoffrest in Rosa-Rot • Pünktchenstoffrest in Hellblau-Weiß • Baumwollstoffrest in Dunkelrot • Textilband in Hellblau mit rosafarbenen Blumen, 1 cm breit, 52 cm • Zackenlitze in Rosa, 1 cm breit, 52 cm • Reißverschluss in Weiß, 50 cm

Aus den Stoffresten werden für das Kissen Streifen mit folgenden Maßen zugeschnitten: Pünktchenstoff in Rosa-Rot: 1 x 5 cm x 15 cm (Streifen 2); Rautenstoff in Rosa: 1 x 6 cm x 15 cm (Streifen 4) und 1 x 100 cm x 6 cm (Rüsche); Blümchenstoff in Hellblau-Rosa: 1 x 5 cm 15 cm (Streifen 6); Blümchenstoff in Rosa-Rot: 1 x 6 cm x 15 cm (Streifen 8); Pünktchenstoff in Hellblau-Weiß: 1 x 5 cm x 15 cm (Streifen 10); dunkelroter Stoff: 1 x 5 cm x 15 cm (Streifen 12).

Aus dem weißen Stoff werden folgende Maße benötigt: 1 x 52 cm x 37 cm (rückwärtiges Kissenteil), 1 x 52 cm x 15 cm (unteres vorderes Kissenteil), 1 x 15 cm x 24 cm (Streifen 1), 1 x 6 cm x 15 cm (Streifen 3), 2 x 5,5 cm x 15 cm (Streifen 7 + 11), 2 x 5 cm x 15 cm (Streifen 5 + 9). Für das obere vordere Kissenteil zuerst die verschiedenen Streifen der Nummerierung nach (siehe auch Abbildung Seite 18/19) an den langen Seiten rechts auf rechts zusammennähen.

Für die Rüsche falten Sie den Stoffstreifen der Länge nach links auf links. Innerhalb der Nahtzugabe zusammensteppen, damit nichts verrutschen kann und auf der zusammengesteppten Seite bis auf Kissenbreite (52 cm) einkräuseln. Das untere vordere Kissenteil zusammen mit der Rüsche rechts auf rechts an das obere vordere Kissenteil nähen. Dabei liegt die Rüsche zwischen den beiden Kissenteilen.

Das Textilband ca. 8 cm vom unteren Kissenrand und die Zackenlitze ca. 1 cm darunter aufsteppen. Den Reißverschluss an der unteren Kissenkante zwischen die beiden Kissenteile nähen. Die beiden Kissenteile rechts auf rechts zusammensteppen und das Kissen durch den Reißverschluss wenden.

Die Wimpel-Girlande wird auf Seite 22 beschrieben.

Wimpel-Girlande

Pünktchenstoff in Rosa-Weiß, 25 cm • Baumwollstoff in Rosa-Rot gemustert, 25 cm • Pünktchenstoff in Rot-Weiß, 25 cm • Schrägband in Rosa, 2 cm breit, 3 m • Zackenlitze in Pink, 1 cm breit, 50 cm • 3 Herz-Knöpfe in Rosa, 1 cm hoch • Satinband in Weiß mit einge-webten Herzen, 1 cm breit, 120 cm (8 x 15 cm) • Vliesofixrest • Vorlage Seite 85

Alle Teile gemäß Vorlage zuschneiden. Beachten Sie bitte für die Teile, die für die Applikationen vorgesehen sind, den Hinweis auf Seite 82. Die Zackenlitze in drei gleich lange Stücke schneiden. Die Herzen auf die entsprechenden Dreiecke gemäß Abbildung aufbügeln und applizieren und die Knöpfe aufnähen. Die Zackenlitze aufsteppen.

Je zwei zueinander passende Dreiecke rechts auf rechts entlang den beiden langen Seiten zusammennähen, die Nahtzugabe kürzen und die Wimpel durch die Öffnung an der oberen Kante wenden. Die Nähte gut in Form bügeln. Die obere offene Kante innerhalb der Nahtzugabe zusammensteppen, damit nichts verrutschen kann.

Das Schrägband der Länge nach zusammenfalten und bügeln. Die obere Kante der einzelnen Wimpel im Abstand von ca. 10 cm mit Stecknadeln in das zusammengefaltete Schrägband stecken. Dabei in der Mitte des Bandes beginnen. Die Enden des Schrägbandes nach innen schlagen und das Band der Länge nach knappkantig zusammensteppen, dabei die Wimpel mitfassen. Zum Schluss das Satinband zwischen die Wimpel knoten.

Windlichter

3 Windlichtgläser (z. B. Einmachgläser in Julpenform, ø 6,5 cm,
8 cm hoch) • Papierdraht in Rot, 3 x 40 cm • **Erstes Glas:** Holzherz
in Weiß-Rosa-Rot, ca. 4 cm x 4,5 cm • Satinkordel in Rot, ø 4 mm,
45 cm • Band mit Draht und Perlen in Weiß, 45 cm • **Zweites Glas:**
Papierkordel, 3-fach, in Weiß-Rosa-Rot, 85 cm • Satinband in Weiß
mit Herzen, 1 cm breit, 25 cm • Streuteile „Blume" und „Schmetter-
ling" in Weiß-Rosa • **Drittes Glas:** gedrehte Satinkordel mit Draht in
Rot, 45 cm • Satinkordel in Weiß, ø 2 mm, 25 cm • Holzherz in
Weiß-Rosa-Rot, ca. 4 cm x 4,5 cm

Der Draht für die Aufhängung wird folgendermaßen
am Glas befestigt: Die langen Bänder bzw. Kordeln um den
oberen Glasrand knoten. Den Papierdraht als Aufhängung
rechts und links um diese Bänder führen und daran
befestigen. Die kurzen Bänder anbringen und die Streuteile
mit Heißkleber gemäß Abbildung fixieren.

Rolig fågelholk

lustiges Vogelhäuschen

Vogelhaus

Sperrholz, 1 cm stark • Sperrholzrest, 3 mm stark • Rundholzstab, ø 1 cm, 8 cm • Acrylfarbe in Weiß und Rot • Blumendraht in Schwarz • Permanentmarker in Schwarz • Lackmalstift in Weiß • Holzbohrer, ø 2 mm und ø 1 cm • Holzleim • Vorlage Seite 86

Sägen Sie die Einzelteile des Vogelhauses aus dem 1 cm starken Sperrholz mit folgenden Maßen zu: 1 x 30 cm x 20 cm (Vorder- und Rückseite), 1 x 9 cm x 12 cm (Boden), 2 x 12 cm x 8,5 cm (Seitenwände) sowie 1 x 13,5 cm x 12,5 cm und 1 x 13,5 cm x 11,5 cm (Dachflächen).

❈

Die Vorder- und Rückseite des Vogelhauses werden mithilfe der Vorlage aus dem 1 cm starken Sperrholz zugesägt, die Herzen auf das 3 mm starke Sperrholz übertragen und ausgesägt. An der Vorderseite das Loch aussägen und alle Kanten glatt schmirgeln. Das Loch für den Rundholzstab in die Vorderseite des Vogelhauses und die Löcher für die Aufhängung in die Herzen bohren.

❈

Die Seitenwände zwischen Vorder- und Rückseite leimen und gut trocknen lassen. Die beiden Dachflächen so aufleimen, dass die größere die kleinere am Giebel überlappt und die beiden Flächen vorne und hinten gleichmäßig überstehen. Die Bodenfläche, die rundherum leicht übersteht, befestigen und den Rundholzstab in das kleine Loch der Vorderseite leimen. Schraubzwingen fixieren die Einzelteile während des Trocknens.

❈

Das Vogelhaus und die Herzen gemäß Vorlage und Abbildung bemalen und die Linien und Verzierungen mit Permanentmarker und Lackmalstift aufmalen. Die Herzen mit den Draht-Aufhängungen versehen und am Rundholzstab befestigen.

Små använd- bara ting

Was praktisch ist, soll auch schön sein. Von diesem Motto haben wir uns in diesem Kapitel leiten lassen und einigen Dingen des Alltags ein rot- weißes Gewand gegeben: Eine Küchen- schürze für Mutter und Kind, Hand- tücher und ein Jablett finden sich hier ebenso wie eine Jasche und eine Ord- nungsbox. Auf diese Weise verbreiten die Farben Rot und Weiß ihre Fröh- lichkeit auch in der täglichen Routine und sorgen für gute Stimmung.

Vackra förkläden

schicke Küchenschürzen

Küchenschürze

*Blümchenstoff in Rosa–Rot, 90 cm • Pünktchenstoff in Rot–Weiß,
30 cm • Karostoff in Rosa–Weiß, 25 cm • Baumwollstoff in Rosa mit Rosenmuster, 15 cm •
Baumwollstoffrest in Rosa • Vliesofixrest • Bänderset in Rosa–Rot • Textilstift in Schwarz
• Zackenschere • 3 Hosenträgerclips • Skizze Seite 86*

Grundform

Die Grundform der Schürze wird gemäß Skizze (siehe Seite 86)
aus Blümchenstoff zugeschnitten. Alle anderen Einzelteile wie folgt zuschneiden:
24 cm x 18 cm aus Karostoff (Tasche), 14 cm x 11 cm aus Rosenstoff, 10 cm x 4 cm
aus rosafarbenem Stoff und 18 cm x 6,5 cm aus Pünktchenstoff (Applikation auf der
Tasche), 9 cm x 7 cm aus Karostoff (Handtuchaufhänger), 230 cm x 7 cm aus Pünktchenstoff (Schürzenband) und 60 cm x 8 cm aus Pünktchenstoff (Träger).

Schlagen Sie die Schürze rundum zweimal knapp 1 cm ein und
steppen Sie sie knappkantig ab. Dabei zuerst die Seiten, dann die obere und untere
Kante absteppen. Die Tasche an beiden kurzen Kanten je 1 cm und an der oberen
Kante zweimal 1,5 cm einschlagen, umbügeln und knappkantig absteppen.

Tasche mit Applikation

Die Applikation des „Marmeladentopfes" aus Rosenstoff rundum
1 cm einbügeln, dabei die unteren Ecken abrunden, auf die Tasche stecken (2,5 cm
von der unteren Schnittkante und je 4,5 cm von den Seitenkanten entfernt) und
knappkantig aufsteppen. Für das Etikett Vliesofix auf die Maße 10 cm x 4 cm
zuschneiden, auf den rosafarbenen Stoff bügeln und mit der Zackenschere ausschneiden. Das Etikett mit Textilstift in Schwarz mit „Marmelade" beschriften und
nach der Anleitung auf Seite 82 auf den Rosenstoff (2 cm von unten und je 1 cm von
den Seiten entfernt) aufbügeln.

Den Punktestoff für den gerüschten Deckel des Marmeladentopfes an der unteren Längskante zweimal um knapp 1 cm einschlagen und knappkantig absteppen. An der oberen Kante einmal 1 cm einbügeln und einkräuseln.
Dazu den Gradstich auf 4 mm oder 5 mm einstellen, ohne Verriegeln steppen und
den Stoff rüschen, bis eine Länge von 13 cm erreicht ist. Knappkantig mit 1 cm
Abstand oberhalb des Marmeladentopfes aufsteppen. Den Kräuselfaden entfernen.

Die Tasche entlang den Seitenkanten mittig und knappkantig
auf die Schürze steppen. Bitte beachten Sie dabei, dass die untere Taschenkante
1 cm vom Schürzenband überdeckt wird.

Das Handtuch wird auf Seite 35 beschrieben.

Schürzenbänder und Aufhänger

Für den Handtuchaufhänger den Stoffstreifen der Länge nach rechts auf rechts auf die Hälfte bügeln, füßchenbreit absteppen – die kurzen Kanten offen lassen –, verstürzen und ausbügeln. Den Clip auffädeln und das Band doppelt legen.

Um die gewünschte Länge des Schürzenbandes zu erreichen, nähen Sie zwei Stoffstreifen aneinander. Das Band an den Längskanten rechts auf rechts aufeinanderbügeln und füßchenbreit zusteppen, dabei eine kurze Kante offen lassen. Nun das Band wenden (z. B. mithilfe einer langen Stricknadel), ausbügeln und die offene Kante von Hand zunähen. Das Band mittig auf die Schürze stecken. Beachten Sie dabei die Skizze und vergessen Sie den Handtuchaufhänger nicht. Das Band entlang der oberen und unteren Kante knappkantig aufsteppen, dabei den Aufhänger und die Tasche mitfassen. Das Schleifenband mittig auf das Band steppen, dabei die Enden um 1 cm einschlagen.

Bügeln Sie nun noch den Trägerstreifen der Länge nach rechts auf rechts die Hälfte und steppen Sie ihn füßchenbreit zusammen, lassen Sie dabei aber die beiden kurzen Kanten offen. Das Band wenden, ausbügeln und an beiden Enden einen Clip einfädeln. Die Schnittkanten je zweimal 1 cm auf die linke Seite einschlagen und knapp absteppen. Jetzt kann der Träger mit den Clips an der Schürze befestigt werden.

Kinderschürze

Pünktchenstoff in Rot-Weiß, 50 cm x 65 cm • Baumwollstoffrest in Rosa mit Rosenmuster • Karostoff in Rosa-Weiß, 150 cm x 6 cm und 54 cm x 5 cm • Zackenlitze in Weiß, 1 cm breit • Satinband in Rot-Weiß gepunktet, 1,5 cm breit • Skizze Seite 86

Die Schürze gemäß der Skizze auf Seite 86 zuschneiden. Für die aufgesetzte Tasche wird Rosenstoff mit den Maßen 17 cm x 13 cm benötigt. Aus Karostoff werden das Schürzenband (150 cm x 6 cm) und das Trägerband (54 cm x 5 cm) genäht.

Die Schürze, die Tasche und das Schürzenband werden – allerdings ohne Taschenverzierung und Clipaufhänger – wie oben beschrieben gearbeitet. Bevor Sie das fertige Schürzenband auf die Schürze nähen, steppen Sie von links Zackenlitze auf, sodass die Zacken von rechts noch sichtbar sind.

Den Trägerstreifen der Länge nach links auf links auf die Hälfte bügeln, füßchenbreit zusteppen, dabei eine kurze Kante offen lassen und wenden. Den Träger ausbügeln und das offene Ende von Hand zunähen. Die beiden Enden von links an die oberen Ecken der Schürze steppen und die Zackenlitze von rechts auf die obere Schürzenkante nähen. Das Satinband zur Schleife binden und von Hand mittig auf die Tasche nähen.

Praktiska ting i vardagen

Praktisches für jeden Tag

Dekokranz

Styroporkranz, ø 25 cm • Frotteestoff in Rot, 11 cm x 300 cm • Volumenvlies, 11 cm x 300 cm • Bänderset in Rosa-Rot • Kordel in Rot, 4 mm breit • Papier-Blütenmischung in Rosa-Rot • Röschen in Rosa • Textilkleber

Das Volumenvlies und den Frotteestoff zuschneiden. Um die Gesamtlänge des Frotteestreifens zu erreichen, müssen zwei Steifen à 1,50 m Länge aneinandergenäht werden. Eine Längskante des Streifens 1 cm nach links umschlagen und durch Bügeln fixieren.

❀

Nun das Volumenvlies überlappend um den Kranz wickeln und das Ende mit Klebstoff fixieren. Dann den Frotteestreifen ebenfalls überlappend um den Kranz wickeln, sodass die Schnittkante nicht sichtbar ist. Das Ende einschlagen und mit wenigen Stichen von Hand festnähen.

❀

Die Kordel um den Kranz wickeln, dabei am Anfang und am Ende 30 cm stehen lassen und verknoten. Immer zwei Papierblüten farblich abgesetzt auf den Stiel der Röschen fädeln und über den Kranz verteilt mit dem Stiel an der Kordel befestigen. Das Schleifenband wie die Kordel um den Kranz wickeln und eine Schleife binden.

~~~

Tablett

Holztablett, 18 cm x 31 cm • Acrylfarbe in Weiß und Karminrot • Découpagelack • Serviette in Rosa mit Vichykaro • Serviette „The Pot calling"

Das Tablett zweimal mit Acrylfarbe in Weiß lackieren. Die Serviette mit dem Vichykaro auf die Größe des Tablettbodens zuschneiden und in der Découpagetechnik (siehe Seite 82) bearbeiten. Nach dem Trocknen die Kanne aus der Serviette „The Pot calling" ausschneiden und mittig in der gleichen Technik aufbringen. Die obere Tablettkante zweimal mit Acrylfarbe in Karminrot lackieren, trocknen lassen und mit Découpagelack alle Flächen versiegeln.

Untersetzer

Korkuntersetzer, ø 20 cm • Acrylfarbe in Weiß •
Serviette in Rot-Weiß gepunktet • Découpagelack •
Vichykaroband in Rosa, 1,5 cm breit • Dekoknopf
„Herz", 1 cm • Textilkleber • Skizze Seite 85

Die Oberseite und den Rand des Korkunter-
setzers zweimal mit Acrylfarbe bemalen und
trocknen lassen. Den Untersetzer auf die linke
Seite der Serviette legen, die Umrisse nachfahren
und ausschneiden. Dann die Oberseite in der
Découpagetechnik (siehe Seite 82) gestalten.

Den Rand mit Vichykaroband bekleben
und aus dem Band eine Schleife arbeiten (siehe
Seite 85). Die Schleife mit dem kleinen Herzknopf
dekorieren und über das Bandende kleben.

Bestecktopf

Holztopf, 13 cm x 13 cm x 13 cm • Acrylfarbe
in Weiß • Découpagelack • Serviette „The Pot calling" •
Satinband in Rot-Weiß gepunktet, 1,5 cm breit •
Textilkleber

Den Holztopf innen und außen zweimal mit
Acrylfarbe bemalen und trocknen lassen. Zwei
verschiedene Kannen aus der Serviette „The Pot
calling" ausschneiden und in der Découpagetechnik (siehe Seite 82) auf zwei gegenüberliegende Seiten mittig aufbringen.

Die obere Kante mit Satinband bekleben,
dabei das Band straff ziehen und das Ende 1 cm
einschlagen. Zum Schluss werden alle Flächen
mit Découpagelack versiegelt.

Handtücher

Frotteestoff in Rot, 64 cm x 46 cm • Baumwollstoff in Rosa mit Rosenmuster, 46 cm x 13 cm •
Blümchenstoff in Rosa-Rot, 46 cm x 13 cm • Schrägband in Rosa-Weiß und in Rot-Weiß gepunktet,
je 2 cm breit • 2 Nähfrei-Aufhänger • Dekoknopf „Herz", 2 cm • Dekoknopf „Rose", 1,5 cm • Textilkleber

Den Frotteestoff und den Rosen- bzw. Blümchenstoff je einmal zuschneiden. Achten Sie dabei
darauf, dass die Webkante des Frotteestoffes eine kurze Kante des Handtuches bildet.

Den Blümchen- oder Rosenstoff jeweils an einer Längskante 1 cm nach links umbügeln.
Die gegenüberliegende Längskante rechts auf rechts auf eine Querkante des Frotteestoffes legen
(nicht auf die Webkante) und 1 cm breit zusammennähen. Die Naht ausbügeln, zur rechten
Seite umschlagen und knapp aufsteppen.

Die Längsseiten mit Schrägband in Rot oder Rosa einfassen. Bügeln Sie dazu das Band der
Länge nach auf die Hälfte und schlagen Sie die Enden 1 cm breit ein. Die Nähfrei-Aufhänger
einarbeiten und jeweils mit einem Dekoknopf bekleben.

Tafel

Holzbilderrahmen, 23 cm x 23 cm • Sperrholz, 3 mm stark, 17 cm x 17 cm • Acrylfarbe in Weiß • Tafelfarbe in Rot • Découpagelack • Serviette in Rosa mit Vichykaro • Papier-Blütenmischung in Rosa-Rot • Röschen in Rosa • Bänderset in Rosa-Rot • Satinband in Rot, 1 cm breit • Kreide in Rosa • Bilderöse • Holzleim

Die Sperrholzplatte zusägen oder vom Schreiner zusägen lassen und zwei- bis dreimal mit Tafelfarbe bemalen. Den Bilderrahmen zweimal mit Acrylfarbe in Weiß bemalen. Die Serviette auf Bilderrahmengröße zuschneiden – dabei auf die Karos achten – und mit Découpagetechnik aufbringen (siehe Seite 82). Nach dem Trocknen die Sperrholzplatte mit Holzleim in den Rahmen kleben. Auf der Rahmenrückseite die Bilderöse mittig anbringen.

❖

Zwei Blüten aufeinanderlegen und auf den Stiel des Röschens fädeln. Den Blumenstiel am unteren Ende spiralförmig flach aufwickeln. Die innere Blüte mit Schleifenband umwickeln, dieses zur Schleife binden und die Blume auf den Bilderrahmen kleben. Das Satinband auf eine Länge von ca. 55 cm zuschneiden, an einem Ende die Kreide befestigen, das andere Ende an der Bilderöse festknoten.

❦

Dosenetikette

2 Metalldosen • Blümchenstoff in Rosa-Rot, 7,5 cm x 5,5 cm • Baumwollstoff in Rosa mit Rosenmuster, 7,5 cm x 5,5 cm • Baumwollstoff in Rosa, 2 x 7,5 cm x 5,5 cm und Rest (für Beschriftung) • doppelseitig aufbügelbares Volumenvlies, 2 x 7,5 cm x 5,5 cm • Vliesofixrest • vorgefalztes Schrägband in Rot-Weiß und Rosa-Weiß gepunktet, je 2 cm breit • Textilstift in Schwarz • je 2 starke Magnete

Die Stoffe, das Volumenvlies und das Vliesofix zuschneiden. Das Vliesofix auf den rosafarbenen Stoff aufbügeln, ausschneiden (evtl. mit der Zackenschere) und jeweils mit „Tee" beschriften. Nach Anleitung auf Seite 82 mittig auf den Blümchen- bzw. Rosenstoff aufbügeln.

❖

Je zwei Magnete mit ca. 3 cm Abstand mittig auf das Volumenvlies kleben. Den Blümchen- bzw. Rosenstoff samt der Beschriftung und den rosafarbenen Stoff links auf links aufeinander- und das Volumenvlies mit den Magneten bündig dazwischenlegen. (Die Magnete liegen dabei auf dem rosafarbenen Stoff). Das Schrägband auf die Hälfte bügeln und die Kanten damit einfassen (die Ecken als Fältchen ablegen). Nun kann das Etikett an der Dose befestigt werden.

Mycket får plats!

Da passt viel rein!

Tasche

Feincord in Rot mit Blumenmuster, 50 cm • Baumwollstoff, 35 cm (für das Taschenfutter) • Streifen- und Karostoffreste in Weiß-Rosa und Pünktchenstoffrest in Rot-Weiß • Vlieseline H 220, 70 cm (90 cm breit) • Reißverschluss in Rot, 30 cm • Stick-Applikation „Blume", 10 cm x 17 cm • Zackenlitze in Rosa, 1 cm breit, 35 cm • Vorlage Bogen A

Die Vlieseline auf die Rückseite des Stoffes für die Innentasche (Futter) und einen Rest auf den gestreiften Stoff für die aufgesetzte Tasche bügeln. Alle Teile gemäß Vorlage zuschneiden. Für den Seitenstreifen je 90 cm x 12 cm (Außen- und Innentasche) und das Trageband 2 x 140 cm x 12 cm (jeweils inkl. 1 cm Nahtzugabe) zuschneiden. Die Enden der Streifen für das Trageband mithilfe der Vorlage zuschneiden.

❊

Die Nahtzugabe an der oberen Kante des Teils für die aufgesetzte Tasche nach innen schlagen und feststeppen. Entlang der gestrichelten Linien die Seiten des Taschenteils nach hinten falten und knappkantig absteppen. Die Nahtzugabe an den Seiten nach hinten bügeln und die Tasche gemäß Markierung knappkantig entlang der Umbruchkanten auf ein unteres Taschenteil nähen. Die aufgesetzte Tasche an der unteren offenen Kante innerhalb der Nahtzugabe mit dem unteren Taschenteil zusammensteppen, damit nichts verrutschen kann. Dabei die Seitenteile der aufgesetzten Tasche an der Unterkante so nach innen legen, dass die abgesteppten Kanten übereinanderliegen.

❊

Die Falten an den unteren Taschenteilen gemäß Markierungen fixieren. Achten Sie dabei darauf, dass die Falten jeweils in die Mitte zeigen. Je ein oberes Taschenteil rechts auf rechts an ein unteres Taschenteil nähen. Die Zackenlitze an der oberen Kante des unteren Taschenteils aufsteppen. Je zwei Bortenteile mit Wellenrand rechts auf rechts entlang der Wellenkante zusammennähen, die Nahtzugabe kürzen und einschneiden und die Borten wenden. Die oberen und seitlichen Kanten innerhalb der Nahtzugabe zusammensteppen, um ein Verrutschen zu verhindern. Dabei die Borte auf dem oberen Taschenteil fixieren.

Den Seitenstreifen der äußeren und inneren Tasche rechts auf rechts zwischen
die beiden entsprechenden Taschenteile nähen. Für die Tragebandschlaufen die Nahtzugabe an den langen Seiten nach innen schlagen und den Streifen so falten, dass die
Nahtzugaben innen liegen. Die offene lange Seite knappkantig zusammensteppen.
Den Reißverschluss zwischen die beiden äußeren Teile des Tascheneingriffs nähen und
knappkantig absteppen. Dieses Tascheneingriff-Teil rechts auf rechts in die Taschen-
öffnung nähen und dabei die Tragebandschlaufen rechts und links am Seitenstreifen
festnähen. Die Tasche durch den Reißverschluss wenden.

❖

Die Nahtzugabe an je einer langen Seite der beiden inneren Tascheneingriff-Teile nach hinten umbügeln und die Teile rechts auf rechts an die Öffnung der Innentasche steppen.
Dabei bleibt die Öffnung für den Reißverschluss offen. Die Innentasche in die äußere
Tasche schieben. Die Kanten der Reißverschlussöffnung der Innentasche mit Matratzenstich
an der Innenseite des Reißverschlusses befestigen.

❖

Für das Trageband die beiden Teile rechts auf rechts bis auf eine ca. 20 cm lange
Wendeöffnung an einer der langen Seiten zusammennähen und das Band wenden.
Die Öffnung mit Matratzenstich schließen und das Trageband mit je einem Knoten
an den beiden Schlaufen befestigen.

Schubladenbox

Holzkiste mit neun Schubladen (Front der Schubladen: 11 cm x 7 cm) • Acrylfarbe in Weiß,
Gelb, Rot und Grün • Permanentmarker in Schwarz • Vorlage Seite 87

Die Vorlagen auf die Fronten der Schubladen übertragen (mit Blaupapier oder
der Transparentpapiermethode). Mit den Acrylfarben gemäß Abbildung kolorieren.
Dabei Effekte und Schattierungen mit Weiß in der Nass-in-nass-Technik arbeiten.

❋

Den Rahmen der Schubladenbox in Rot mit weißen Schattierungen bemalen.
Alle Linien auf den Schubladenfronten mit dem Permanentmarker zeichnen.

So wird's noch schöner: Am besten kommen die Farben der Motive zur Geltung,
wenn Sie die Schubladenfronten zuerst mit weißer Acrylfarbe grundieren.

So geht's auch: Anstatt der Wichtel und Fliegenpilze können
Sie natürlich auch Streifen und Punkte in Rot und Weiß auf die Schubladen malen.

Vackra ting för hemmet

Wir lieben es, unser Zuhause zu gestalten,
denn hier leben wir mit unseren Familien
und hier erholen wir uns und sammeln
Kraft. Deshalb ist es uns wichtig,
eine angenehme Atmosphäre zu schaffen,
auf die wir uns jedes Mal aufs Neue
freuen, wenn wir nach Hause kommen.
Besonders Dekorationen in Rot und Weiß
sind Highlights unserer Einrichtung und
machen so richtig gute Laune.
Lassen Sie sich begeistern von fröhlichen
Dekorationsideen!

Vacker utsikt

schöne Aussichten

Hängetüte

Tonkarton in Rot mit weißen Blumen (Rückseite in Rosa-Weiß gepunktet), 30 cm x 30 cm • Tonkartonrest in Rot-Weiß gepunktet • selbstklebendes Band in Rosa-Weiß gepunktet, ca. 1 cm breit, 18,5 cm • Motivlocher „Herz", 2,5 cm • dickes Nähgarn in Rot • Satinkordel in Rot, ø 3 mm, 50 cm • Lochzange oder Locher • Vorlage Bogen B

Die Grundform der Tüte auf den Karton übertragen und ausschneiden.
Drei Herzen aus dem rot-weiß gemusterten und zwei Herzen aus dem rot-weiß gepunkteten Karton ausstanzen. Den Karton zur Tüte drehen und an der Klebelasche fixieren. Mit dem rosa-weiß gepunkteten Band die Klebekante verdecken.
Drei rote Fäden (je ca. 20 cm lang) an einem Ende zusammenknoten und die anderen Enden mithilfe einer Nadel von innen durch die Spitze der Hängetüte ziehen. Drei Herzen wie abgebildet an den Fäden befestigen.

❈

Ein rosafarbenes Herz gemäß Abbildung auf die vordere Kante und ein rotes Herz auf die Innenseite der hinteren Ecke kleben.
Für die Aufhängung mit der Lochzange oder dem Locher ein Loch in das Herz stanzen und die Satinkordel durchziehen.

So geht's leichter: Statt Alleskleber können Sie für das Zusammenkleben der Hängetüte auch doppelseitiges Klebeband, 1 cm breit, verwenden.

Herz-Girlande

Streifenstoff in Rot-Weiß, 15 cm • Streifenstoff in Hellrot-Dunkelrot, 15 cm • Baumwollstoff in Weiß, 5 cm • Volumenvlies zum Aufbügeln, H 630, 15 cm • je 2 Metall-Glöckchen in Weiß und Rot, 1 cm • Vorlage Seite 88

Alle Teile gemäß Vorlage zuschneiden. Achten Sie dabei darauf, dass die Teile aus Volumenvlies jeweils ohne Nahtzugabe zugeschnitten werden.
Für das Band aus weißem Stoff zweimal 62 cm x 5 cm zuschneiden. Je zwei farblich passende Herz-Teile (einmal mit und einmal ohne Volumenvlies) rechts auf rechts bis auf die Wendeöffnung zusammennähen und wenden.
Die Öffnung mit Matratzenstich schließen.

❈

Je ein großes und ein kleines Herz in der Mitte aufeinandernähen und dabei je ein Glöckchen gemäß Abbildung befestigen. Die beiden Streifen für das Band rechts auf rechts bis auf eine schmale Seite (Wendeöffnung) zusammennähen und wenden. Die Nahtzugabe an der Wendeöffnung nach innen schlagen und feststeppen. Die Herzen gleichmäßig verteilt auf dem Band befestigen.

Romantiska idéer

romantische Ideen

Blumenmädchen

Fleece-Stoff in Weiß, 25 cm x 25 cm • Baumwollstoff in Rosa, 50 cm x 5 cm (für die Rüsche) • Bastel-
filzrest in Dunkelgrün • Satinband in Rosa, 4 mm breit, 50 cm • Rocailles-Band in Dunkelrot, ø 2 mm,
20 cm • Papierkordel in Weiß, ø 3 mm, 25 cm • 2 Rohholzkugeln, ø 3 cm • Rohholzhalbkugel, ø 5 mm •
2 Holz-Marionettenfüße, 4 cm • 2 Holzhände, 1,8 cm • Papierblumen mit Glitzerstein in 2 x Pink, ø 3 cm,
und 1 x Rosa, ø 4 cm • Filzblume in Pink, 4 mm stark, ø 11 cm • Knöpfe in 3 x Rosa und 2 x Pink, ø 9 mm •
Rundholzstab, ø 5 mm, 4,5 cm • 2 Schaschlikstäbchen • Puppenhaare in Dunkelbraun, 16 x 18 cm • Draht in
Dunkelgrau, ø 0,8 mm, 5 x 14 cm • Acrylfarbe in Weiß • Vorlage Seite 88

Zuerst alle Teile gemäß Vorlage ausschneiden, dann die Holzschuhe mit weißer Acrylfarbe bemalen und trocknen lassen. In der Zwischenzeit können Sie z. B. den Blumenstrauß anfertigen.

Für den Strauß benötigen Sie fünf Blumen. Knicken Sie für jede Blume ein
Drahtstück mittig um und führen Sie die beiden Enden von vorne durch einen Knopf hindurch.
Dann jeweils ein Filzblatt zwischen die beiden Drahtenden legen und diese miteinander verzwir-
beln, sodass das Blatt fixiert wird und ein langer, gerader Blumenstängel entsteht. Anschließend
können Sie die Blumen mit Satinband zu einem Strauß zusammenbinden.

Als Nächstes wird das lange Kleid gefertigt. Legen Sie dazu die weißen Kleidteile aus Fleece aufeinander und schließen Sie mit ein paar Stichen die Schulternähte. Die Seitennähte ebenfalls
schließen. Nun die Nahtzugaben auf ca. 5 mm zurückschneiden und das Kleid wenden.

Für die rosafarbene Rüsche am Saum des Kleides den Stoffstreifen zuerst
rechts auf rechts an den schmalen Kanten zur Runde schließen, dann den Stoff der Länge nach
rundum zur Hälfte legen, sodass die rechte Seite außen liegt.
Am besten heften Sie die beiden Kanten des Stoffrings auf der Nahtzugabe mit ein paar Stichen
zusammen, damit beim Aufnähen der Rüsche nichts verrutschen kann.

Nun wird die Rüsche am Kleid angebracht. Kräuseln Sie dazu den Stoffring
auf der zusammengehefteten Seite ein und ziehen Sie ihn bis auf den unteren Umfang des Kleides
zusammen. Jetzt die Rüsche rechts auf rechts so über das Kleid schieben, dass die beiden offenen
Kanten (die eingekräuselte Kante der Rüsche und die Saumkante des Kleides) aufeinanderliegen.
Die Kanten aufeinandernähen und die Rüsche nach unten klappen. Die Nahtzugabe nach oben in
das Kleid legen und dort mit kleinen, von außen unsichtbaren Stichen festnähen.

Nun kann das Blumenmädchen zusammengefügt werden. Kleben Sie dazu
die beiden Schaschlikstäbchen mit den spitzen Enden bis ca. zur Mitte in das Loch der
kleinen Holzkugel (Bauch). Am anderen Ende der Stäbchen jeweils einen Holzschuh anbringen.
Beachten Sie dabei, dass die Schuhe schön gerade sein müssen.
Dann hat die Figur später einen festen Stand.

Für den Kopf den kurzen Rundholzstab (Hals) ca. 2 cm tief in die große Holzkugel
einkleben. Als Nase die kleine Holzhalbkugel mittig anbringen und schließlich mit feinem,
wasserfestem Filzstift und rotem Buntstift das Gesicht aufmalen.

Blumenmädchen

Ziehen Sie nun das Kleid über den Bauch und die langen Beine
und kleben Sie den Hals ca. 1,5 cm tief in die obere Öffnung der Bauchkugel.
Danach für die Arme die Papierkordel durch die Armausschnitte
des Kleides führen und hinter dem Hals auf der Bauchkugel festkleben.
Biegen Sie die Enden der Papierkordel ca. 5 mm weit um
und bringen Sie die Hände darauf an.

Die Puppenhaare quer auf dem Kopf festkleben und die Haare mit
dem Satinband zu Zöpfen binden. Die Papierblumen vorn auf dem Kleid
befestigen. Nun nur noch das Rocailles-Band als Kette umlegen,
den Strauß zwischen die Hände kleben und das Blumenmädchen mit den
Schuhen auf der großen pinkfarbenen Filzblume befestigen
(am besten mit Heißkleber), damit es sicher steht.

Dekoration mit Stoffherz

*Metallkugel mit Teelichthalter, ca. ø 15 cm • Karostoffrest in Rot-Weiß und Stoffrest
mit Rosenmuster in Rot-Weiß • Füllwatte • Knopf in Weiß, 2 cm • Herzknopf in Rot,
1 cm • Draht in Weiß, ca. 20 cm • Webband mit Rosen, 2 cm breit, ca. 35 cm •
Metallherzen in Rot und Rosa, 1 cm • Perlonfaden • Vorlage Seite 89*

Schneiden Sie die Teile für das Herz gemäß Vorlage zu. Beachten Sie
dabei, dass die Teile gegengleich zugeschnitten werden müssen.
Je zwei Teile aus unterschiedlichen Stoffen rechts auf rechts an der Mittelnaht
zusammennähen. Dann die beiden Herzen rechts auf rechts bis auf
die Wendeöffnung zusammensteppen. Die Nahtzugabe kürzen
und das Herz wenden. Mit Füllwatte ausstopfen und die Öffnung
mit Matratzenstich schließen.

Die beiden Knöpfe mit dem Draht zusammenfädeln, den Draht zu
Spiralen drehen und auf dem Stoffherz mit Heißkleber fixieren.
Das Webband an der Aufhängung der Kugel zu einer Schleife binden.
Die Metallherzen mit Heißkleber fixieren, das Stoffherz mithilfe des Perlonfa-
dens unter der Kugel befestigen.

*So bleiben Sie flexibel: Falls Sie keine weiße Metallkugel bekommen sollten,
können Sie eine andersfarbige mit weißem Sprühlack besprühen.*

Bitte beachten Sie: Lassen Sie Kerzen nie unbeaufsichtigt brennen.

Jill bords!

Zu Tisch!

Vasen

3 Vasen in Weiß (Porzellan oder Keramik), ca. 13 cm bis 16 cm hoch • Color-Dekor in Rot • Motivstanzer „Herz", 1,5 cm und 2,5 cm • Pinzette • Haushaltspapier

Die Motive ausschneiden (ca. 15 Kreise in verschiedenen Größen von 7 mm bis 1,5 cm) oder ausstanzen. Die Color-Dekor-Folie kurz in Wasser legen. Die Folie vom Trägerpapier auf das Geschirr schieben oder bei den sehr kleinen Motiven mithilfe einer Pinzette abziehen und auflegen. Das Motiv mit den Fingern und einem Haushaltspapier, das die Feuchtigkeit aufsaugt, glatt streichen.

❁

Lassen Sie die Motive 24 Stunden bei Raumtemperatur trocknen. Anschließend die Color-Dekor-Folie aushärten. Dafür die verzierten Teile in den kalten Backofen stellen und 180 Grad Ober- und Unterhitze einstellen. Nach 30 Minuten den Backofen abschalten und das Geschirr im Backofen auskühlen lassen (siehe auch Herstellerangaben).

Tischset

Pünktchenstoff in Rosa-Weiß, 2 x 50 cm x 50 cm • Baumwollstoffrest in Rosa-Weiß gemustert, ca. 20 cm x 20 cm • Vliesofix, 50 cm x 50 und 20 cm x 20 cm • Vlieseline H 640, 50 cm x 50 cm • Vorlage Bogen A

Die Rückseite eines der 50 cm x 50 cm großen Stoffstücke mit Vliesofix, die Rückseite des anderen mit Vlieseline bebügeln. Auf die Rückseite des Stoffrests das kleine Stück Vliesofix bügeln. Beachten Sie dafür die Anleitung auf Seite 82. Die beiden großen Stoffstücke aufeinanderbügeln. Dabei liegen die Stoffseiten außen.

❁

Die Vorlage der Blume auf die eine Seite der zusammengebügelten Stoffe übertragen. Rundherum entlang der Linie mit schmal eingestelltem Zickzackstich (wie beim Applizieren) in der Kontrastfarbe Rot zusammensteppen. Vorsichtig an der äußeren Kante den übrigen Stoff abschneiden. Den Kreis für die Blumenmitte aus dem kleinen Stoffstück zuschneiden, mittig auf die Blume bügeln und applizieren.

Tischläufer

Streifenstoff in Rosa-Weiß, 1 x 80 cm x 45 cm und 2 x 10 cm x 45 cm • Baumwollstoff in Weiß, 2 x 30 cm x 45 cm • Zackenlitze in Apfelgrün, 1 cm breit, 2 x 45 cm und 2 x 80 cm, und in Pink, 2 x 45 cm • Schrägband in Rosa, 2 cm breit, 2 x 45 cm

Zuerst werden die beiden langen apfelgrünen Zackenlitzen ca. 8 cm von den Längskanten entfernt auf das große gestreifte Stoffstück gesteppt. Dann die weißen Stoffstreifen an den beiden kurzen Seiten des gestreiften Stoffes rechts auf rechts ansetzten. Die pinkfarbene Zackenlitze knapp unterhalb der Naht auf den weißen Stoff steppen. Die beiden schmalen Streifen aus gestreiftem Stoff rechts auf rechts an den weißen Stoff nähen und die kurze apfelgrüne Zackenlitze knapp oberhalb der Naht auf den weißen Stoff steppen. Die lange Kante des gestreiften Stoffes mit Schrägband einfassen. Die Seitenkanten des Tischläufers mit einem Einfach-Saum (ca. 1 cm breit) versäubern.

Geschirr

Geschirr in Weiß • Color-Dekor in Weinrot • Porzellanmalstift in Schwarz und Apfelgrün • Lochzange • Haushaltspapier • Pinzette • Vorlage Seite 89

Übertragen Sie die Vorlagen der Pilzhüte spiegelverkehrt auf die Rückseite (Trägerpapier) der Color-Dekor-Folie, stanzen Sie die Löcher mit der Lochzange und schneiden Sie die Motive aus. Die Color-Dekor-Folie kurz in Wasser legen, dann die Folie vom Trägerpapier auf das Geschirr schieben oder bei den kleinen Motiven mithilfe einer Pinzette abziehen und auflegen. Das Motiv von innen nach außen mit den Fingern und einem Haushaltspapier, das die Feuchtigkeit aufsaugt, glatt streichen. Die Linien für die Pilzfüße und das Gras mit schwarzem bzw. apfelgrünem Porzellanmalstift aufbringen.

Die Motive 24 Stunden bei Raumtemperatur trocknen lassen. Anschließend die Color-Dekor-Folie aushärten. Dafür die verzierten Teile in den kalten Backofen stellen und 180 Grad Ober- und Unterhitze einstellen. Nach 30 Minuten den Backofen abschalten und das Geschirr im Backofen auskühlen lassen (siehe auch Herstellerangaben).

Får –
mjukt och mysigt

Schäfchen – weich und kuschelig

Schafpuppe

Baumwollplüsch in Weiß, 25 cm • Streifenstoff in Rot-Weiß, 12 cm • Baumwollstoff in Hautfarbe, 10 cm • Pünktchenstoff in Rot-Beige, 10 cm • Füllwatte • Stickgarn in Dunkelbraun • 2 Herzknöpfe in Pink, ca. 1,3 cm • Vorlage Seite 90/91

Schneiden Sie zunächst alle Teile gemäß der Vorlage zu. Je ein vorderes Kopfteil rechts auf rechts an ein rückwärtiges Kopfteil nähen. Die beiden Kopfteile rechts auf rechts bis auf die Halsöffnung zusammennähen. Je ein Ohrteil aus Baumwollstoff und Plüsch rechts auf rechts zusammensteppen. Je zwei Armteile rechts auf rechts bis auf die Wendeöffnung aufeinandersteppen und den Körper bis auf die untere Kante rechts auf rechts schließen. Bei den Schuhen die vordere Mittelnaht rechts auf rechts schließen. Danach die Schuhe rechts auf rechts an die Beine nähen. Die Beine rundherum bis auf die Wendeöffnung zusammennähen.

❁

Alle Teile wenden und mit Füllwatte ausstopfen. Die Stopföffnungen der Beine innerhalb der Nahtzugabe zusammensteppen. Die Wendeöffnungen der Arme mit Matratzenstich schließen. Die Nahtzugabe an der offenen Seite des Körpers nach innen einschlagen, die Beine von unten in den Körper schieben und die Naht schließen. Dabei die Beine mitfassen. Die Nahtzugabe am Hals nach innen schlagen und den Kopf mit Matratzenstich an den Körper nähen.

❁

Nun werden die Arme an den Körper genäht. Hierfür einen reißfesten Faden an der Innenseite eines Arms befestigen. Mit einer langen Nadel zuerst durch den Arm auf die Außenseite, dann durch den Arm und den Körper stechen. Den zweiten Arm von der Innen- auf die Außenseite durchstechen und anschließend wieder von außen durch den Arm und den Körper. Den Faden fest anziehen und damit die Schultern etwas zusammenziehen. Die beiden Knöpfe auf den Schultern befestigen. Zum Schluss wird das Gesicht gemäß Abbildung bzw. Vorlage aufgestickt.

Stämningsfullt ljussken

stimmungsvolles Kerzenlicht

Windlicht im Korbtablett

Korbtablett, in Weiß gekalkt, ø 40 cm •
Windlichtglas, 30 cm hoch • Deko-Sand in
Weiß • Stumpenkerze in Rot, ca. 14 cm hoch •
Wachsplatte in Weiß • 2 Teelicht-Gläser •
Teelichter in Fliegenpilz-Form •
Deko-Fliegenpilze in mehreren Größen • Efeu-
ranken • Schleifenbänder in Rot-Weiß ge-
punktet, 1,5 cm und 2,5 cm breit • Drahtrest

Schneiden Sie aus der Wachsplatte
verschieden große Kreise aus und verzieren Sie die Stumpenkerze gemäß der
Abbildung. Füllen Sie den Deko-Sand in
das Windlichtglas und stellen Sie
die Kerze hinein.

❀

Das schmale Band um das Korbtablett
befestigen, das breite Band zu einer
Schleife legen, in der Mitte mit Draht
abbinden und ebenfalls am Korbtablett
befestigen. Nun wird das Glas mit Kerze
in die Mitte des Korbtabletts gestellt und
mit Efeuranken rundherum dekoriert. Die
Teelichtgläser und die restliche Deko auf
den Efeuranken verteilen.

Windlicht mit Glasperlen

2 Windlichtgläser • 2 Teelichthalter aus
Metall • Glasperlen in Rot-Weiß • Rocailles
in Weiß und Rot • Draht, 2 x ca. 10 cm •
Filzschnur in Weiß, 1 cm breit (Länge
auf den Umfang der Gläser abstimmen) •
2 Filzfliegenpilze aus Filz, ca. 5 cm

An einem Ende des Drahtes eine
kleine Schlaufe biegen und die Glasperlen
abwechselnd mit den Rocailles
auf den Draht fädeln. Den Draht in die
Spirale der Teelichthalterung einhängen
und mit einer Schlaufe befestigen.
Den Teelichthalter in das Windlichtglas
hängen. Das Filzband um das Glas
legen und zusammen mit dem Fliegenpilz
mit Heißkleber fixieren.

Dekorationer av trä

Dekorationen aus Holz

Kranz mit Herzen

Weidenkranz in Weiß, ø 30 cm • Sperrholz, 4 mm stark, 40 cm x 15 cm, und 1 cm stark, 20 cm x 30 cm • Band in Rot-Weiß gepunktet, 2,5 cm breit, 50 cm • Acrylfarbe in Weiß und Rot • Permanentmarker in Schwarz • Perlonfaden • Bohrer, ø 2 mm • Vorlage Seite 92

Übertragen Sie zunächst alle Vorlagen auf das Holz: das große Herz auf das stärkere, die kleinen Herzen auf das dünnere Holz. Dann alle Teile aussägen und die Kanten glatt schmirgeln. Die Herzen gemäß Abbildung bzw. Vorlage mit Acrylfarbe bemalen und die Linien und Verzierungen mit Permanentmarker aufmalen.

❀

Das rote Band mit Punkten als Aufhängung an den Kranz knoten. Das große und ein kleines Herz mit Heißkleber in der Mitte des Kranzes befestigen, die restlichen Herzen mit Löchern zum Aufhängen versehen und mit Perlonfaden unter dem Kranz fixieren.

So bleiben Sie flexibel: Falls Sie keinen entsprechenden Kranz in Weiß bekommen sollten, können Sie einen andersfarbigen Kranz mit weißem Sprühlack besprühen.

⁓⦿⦿⦿⁓

Lichterkette

20er-Lichterkette • Sperrholz, 4 mm stark, 120 cm x 25 cm • Acrylfarbe in Weiß und Rot • Lackmalstift in Weiß und Rot • Bohrer, ø 1 cm • Vorlage Seite 92

Sägen Sie alle Blumen gemäß Vorlage aus. In der Mitte der Blumen die Löcher für die Halterungen der Lichter bohren und alle Kanten glatt schmirgeln.

❀

Die eine Hälfte der Blumen in Weiß, die andere in Rot bemalen und mit den Lackmalstiften die Verzierungen und Muster gemäß der Abbildung aufmalen. Die kleinen Glühbirnen werden mit Heißkleber in den Löchern befestigt.

Glad flickedocka

fröhliches Zwergenmädchen

Püppchen

Baumwollstoff in Hautfarbe, 30 cm • Streifenstoff
in Rot-Weiß, 20 cm • Pünktchenstoff in Rot-Weiß, 25 cm • Pünktchenstoffrest in Rot-Weiß • Baumwollstoffrest in Schwarz meliert • Fleece in
Rot, 15 cm • Fleecerest in Weiß • Puppenhaare in Blond, 6 x 50 cm • Band
in Rot-Weiß kariert, 6 mm breit, 2 x 20 cm • 2 Holzfliegenpilze, 1,3 cm •
Metallglöckchen in Weiß, 1 cm • Stickgarn in Schwarz • Füllwatte •
Buntstift in Rot • Vorlage Bogen B

Alle Teile gemäß Vorlage zuschneiden. Für das Hemd den
Beleg einmal separat zuschneiden.

❉

Körper
Je zwei Armteile rechts auf rechts zusammennähen. Dabei
die Wendeöffnung nicht schließen und die Arme durch diese wenden.
Je zwei Körper-Kopf-Teile rechts auf rechts zusammensteppen.
Den Körper unten offen lassen und durch diese Öffnung wenden.
Bei den Schuhen die vordere Mittelnaht rechts auf rechts schließen.
Danach die Schuhe rechts auf rechts an die Beine nähen.
Die Beine rundherum bis auf die Wendeöffnung zusammennähen und
wenden. Alle Teile mit Füllwatte ausstopfen.

❉

Die Nahtzugabe des Körpers nach innen einschlagen, die
Beine von unten in den Körper schieben und die Naht schließen.
Dabei die Beine mitfassen. Die Arme mit Matratzenstich schließen
und an den Körper nähen. Hierfür einen reißfesten
Faden an der Innenseite eines Arms befestigen. Mit einer langen
Nadel zuerst durch den Arm auf die Außenseite, dann durch den Arm
und den Körper stechen. Den zweiten Arm von der Innen-
auf die Außenseite durchstechen und anschließend wieder von
außen durch den Arm und den Körper. Den Faden fest anziehen und
damit die Schultern etwas zusammenziehen.

❉

Das Gesicht wird gemäß Abbildung aufgestickt. Die Haare
mittig mit ein paar Stichen auf dem Kopf befestigen und mit
dem Band zu Zöpfen binden. Zum Schluss können Sie
noch Bäckchen mit rotem Buntstift aufmalen.

❉

Kleidung
Die Nahtzugabe der Hosenteile an den oberen und unteren
Säumen nach innen schlagen und feststeppen. Je zwei
Hosenteile rechts auf rechts an den Seiten- und Beinnähten zusam-
mennähen. Wenden Sie ein Hosenbein und schieben Sie es
so in das andere Hosenbein, dass die Hosenmittelnähte übereinan-
derliegen. Diese schließen und die Hose wenden. Dem Püppchen die
Hose anziehen und mit ein paar Stichen an der Puppe befestigen.

Für das Hemd den Beleg rechts auf rechts auf die vordere
Halsausschnittkante nähen, nach innen legen und
knappkantig feststeppen. Beide Rückenteile an der Schulter rechts
auf rechts auf das Vorderteil nähen. Die Nahtzugabe an den
Halsausschnittkanten der Rückenteile nach innen schlagen und feststeppen. Die Ärmel rechts auf rechts in die Armausschnitte einpassen.
Die unteren Ärmelkanten versäubern, die Nahtzugabe nach
innen schlagen und festnähen. Die Ärmel- und Seitennähte schließen.
Den unteren Hemdsaum versäubern, die Nahtzugabe
nach innen schlagen und feststeppen. Das Hemd anziehen,
die Nahtzugabe an der rückwärtigen Mitte nach innen schlagen und
die Mittelnaht mit Matratzenstich schließen.

Für die Weste werden die Schulter- und Seitennähte rechts
auf rechts geschlossen und die Pilze als Knöpfe angebracht.

Nun fehlt noch die Mütze: Die untere Saumkante der Mütze
versäubern, die Nahtzugabe nach innen schlagen und feststeppen.
Das Mützenteil an der Stoffbruchlinie entlang so falten,
dass die rechte Seite innen liegt. Die Mützennaht schließen
und die Mütze wenden. Das Glöckchen an der Mütze
befestigen und die Mütze mit ein paar Stichen am Kopf des
Zwergenmädchens fixieren.

Pilz
Für den Pilz das Fußteil rechts auf rechts an das
Hutteil nähen. Die beiden Pilzteile bis auf die Wendeöffnung rechts
auf rechts zusammensteppen. Den Pilz wenden und ausstopfen.
Die Öffnung mit Matratzenstich schließen.

Små idéer – stor verkan

kleine Ideen – große Wirkung

Kerzenleuchter, Bilderrahmen und Dosen

*Pappmaché-Kerzenleuchter, 67,5 cm x 20 cm x 20 cm • MDF-Bilderrahmen
mit Aufsteller • runde Pappdose in Weiß, ø 8 cm • herzförmige Pappdose in Weiß,
5 cm x 4 cm • Servietten in Hellblau-Weiß gepunktet • Découpagelack •
Acrylfarbe in Weiß • Klarlack, glänzend • Schleifenbänder in Blau-Rot, 1 cm breit •
Vichykaroband in Rot-Weiß, 5 mm breit • Herzbordüre in Rot-Weiß kariert •
Satinband in Rot, 3 mm breit • Zackenlitze in Rot, 3 mm breit •
Satinrosen in Rot • Tropfenperlen in Rot, 3 mm • Textilkleber*

Bemalen Sie den Kerzenständer zweimal mit Acrylfarbe und fixieren
Sie ihn mit Klarlack. Die Tropfenperlen an die Zackenlitze nähen und um den Kerzenständer kleben. Die Herzbordüre an die obere Kante kleben und
mit Satinröschen, von denen die grünen Blätter abgetrennt werden,
verzieren. Den Kerzenständer wie auf der Abbildung mit verschiedenen
Bändern und Satinröschen dekorieren.

❀

Der Bilderrahmen wird zweimal mit Acrylfarbe bemalt, und zwar auf
der Vorder- und Rückseite. Die Vorderseite von links auf die Serviette legen, die
Konturen innen und außen mit Bleistift nachziehen und ausschneiden.
Die Serviette in der Découpagetechnik (siehe Seite 82) auf die
Vorderseite des Rahmens aufbringen. Nach dem Trocknen die Vorder-
und Rückseite mit Découpagelack lackieren.

❀

Die Herzbordüre auf Rahmenbreite zuschneiden und an die obere
Kante kleben. Das Schleifenband zur Schleife binden, ein Röschen (ohne Blätter)
darauf befestigen und die Schleife mittig auf die Herzbordüre kleben. Die Außenseite des Rahmens mit Vichykaroband bekleben.

❀

Den runden Dosendeckel von links auf die Serviette legen, die Konturen
nachzeichnen, ausschneiden und in der Découpagetechnik (siehe Seite 82) auf
den Deckel aufbringen. Entlang der unteren Kante des Dosenunterteils
die Herzbordüre aufkleben.

❀

Den Deckel der Herzdose mit einem Herz der Herzbordüre und einem
Röschen (ohne Blätter) dekorieren. Den Deckelrand mit Satinband bekleben und
die Enden an der Herzspitze zur Schleife binden. Die kleine Herzdose
mittig auf den runden Dosendeckel kleben.

Der kleine Stoffvogel wird auf Seite 66 beschrieben.

Stoffvogel

Pünktchenstoff in Rot-Weiß, 15 cm (großer Vogel) und Rest (kleiner Vogel) •
Füllwatte • Schleifenband in Rot-Weiß gestreift, 1 cm breit • Baumwollkordel
in Rot-Weiß • Vorlage Seite 93

Anhand der Vorlage eine Schablone herstellen, das Motiv zweimal auf
Baumwollstoff übertragen und ausschneiden. Für den Aufhänger
wird die Baumwollkordel auf eine Länge von 30 cm zugeschnitten, die
Enden werden verknotet und die Kordel doppelt gelegt.

Die Stoffteile rechts auf rechts zusammenstecken, dabei den
Aufhänger zwischen die Stoffteile legen und diese füßchenbreit rundum
zusammennähen. Zum Verstürzen 3 cm bis 4 cm (2 cm bei den kleinen
Vögeln auf Seite 68) offen lassen.

Den Vogel auf rechts drehen, die Nähte ausdrücken, den Vogel mit
Füllwatte ausstopfen und die Öffnung von Hand mit Matratzenstich
zunähen. Für den großen Vogel das Schleifenband zur Schleife
binden und unterhalb des Aufhängers annähen.

Mühlenbeckia-Herz

Mühlenbeckiaranken • Blumendraht in Braun • Schleifenband in Rosa-Rot, 1 cm breit • Satinband in Rot-Weiß gepunktet, 1,5 cm breit • Satinröschen in Rot in zwei Größen • Renaissanceperlen in Rosa, ø 6 mm • Textilkleber

Die Mühlenbeckiaranken zu einem Herz formen, dabei immer wieder mit Draht umwickeln und so fixieren.

Das Schleifenband zu kleinen Schleifen binden und mit großen Rosen, von denen die Blätter entfernt werden, mittig bekleben. Die dekorierten Schleifen, die kleinen Röschen (ebenfalls ohne Blätter) und die Renaissanceperlen gleichmäßig verteilt auf das Mühlenbeckia-Herz aufkleben.

Das getupfte Satinband 55 cm und 50 cm lang zuschneiden. Das längere Band als Aufhänger am Herz befestigen, das kürzere um den Aufhänger zur Schleife binden.

Girlande

Vasengirlande mit Saugnäpfen, 1 m • künstliche Buchsbaumranke, ca. 1 m • Schleifenband in Rot-Weiß gestreift, 1 cm breit • Baumwollkordel in Rot-Weiß • Kunstblumen in Rot und Weiß • Herzbordüre in Rot-Weiß kariert, 2,5 cm breit • Textilkleber • Vorlage Seite 93

Umwickeln Sie die Vasengirlande mit der Buchsbaumgirlande und befestigen Sie die Enden an den Saugnäpfen. Jede zweite Vase mit Schleifenband dekorieren und alle Vasen mit kleinen Kunstblumen in Rot und Weiß bestücken.

Die Kordel in Rot-Weiß in 20 cm lange Stücke schneiden, die Enden verknoten und einzelne Herzen der Herzbordüre an je ein Ende kleben. Die Girlande mit den Herzanhängern schmücken. Zwei kleine Stoffvögel anfertigen (siehe Beschreibung Seite 66) und an die Girlande binden.

Kerzen

Stumpenkerzen in Weiß, 20 cm x 5 cm und 15 cm x 5 cm • Wachsplatte in Rot • Wachsliner in Rot und Weiß • Wachs-Myrthenzweige in Grün • Herzausstecher, 4 cm x 4 cm und 2,5 cm x 2 cm • Konturenschere mit Wellenrand • Buchsbaumgirlande • Schleifenband in Rot-Weiß gestreift, 1 cm breit

Kerze mit Herz in Rot
Mit dem großen Ausstecher das Herz aus der Wachsplatte ausstechen, das Herz mit der Hand kurz erwärmen und mittig auf die Kerze drücken. Den Kerzenfuß mit einem Myrthenzweig und kleinen Wachskugeln (aus der Wachsplatte geformt) dekorieren. Mit Wachsliner in Weiß das Monogramm aufmalen und das Herz mit einem kurzen Myrthenzweig schmücken.

Kerze mit Rankenherz
Mit einem stumpfen Stift das Herz auf die Kerze malen und den Myrthenzweig entlang den Konturen mit der Hand vorsichtig andrücken. Das Monogamm mit Wachsliner aufmalen. Mit der Wellenschere einen ca. 1 cm breiten Streifen aus der Wachsplatte zuschneiden, mit der Hand kurz erwärmen und an den Kerzenfuß drücken. Den Überstand mit dem Küchenmesser abschneiden. Aus der Wachsplatte kleine Kügelchen formen und oberhalb des Streifens in regelmäßigen Abständen anbringen.

Kerze mit mehreren Herzen in Rot
Mit dem kleinen Ausstecher mehrere Herzen aus der Wachsplatte ausstechen, mit Wachsliner Pünktchen aufsetzen und verteilt auf der Kerze anbringen. Den Kerzenfuß mit einer Buchsbaumgirlande umwickeln.

Kerzen mit Punkten und Blümchen
Das Muster mit Wachsliner auf die Kerzen tupfen und den Kerzenfuß mit Schleifenband oder Buchsbaumgirlande umwickeln.

Die Stoffvögel werden auf Seite 66 beschrieben.

För dig!

Kleine Geschenke erhalten bekannt-
lich die Freundschaft. Mit
Geschenken und kleinen Aufmerk-
samkeiten bringt man Wertschät-
zung, Dankbarkeit und gute
Wünsche zum Ausdruck, man
muntert auf oder gratuliert. Wir
finden, dass die Farben Rot und
Weiß besonders gut zu Geschenken
und Grußkarten passen, weil sie
das Positive und Lebensfrohe,
das in jedem Geschenk steckt,
verdeutlichen.

Julia

Med kära hälsningar

mit lieben Grüßen

Herzkarte

Doppelkarte in Weiß, 15 cm x 15 cm • Tonkarton oder -papier in Weiß, Hell-
blau-Weiß gepunktet, Rosa-Rot gepunktet und in Bunt mit Herzen, Orna-
menten und Punkten • Knopf in Rosa, 1,5 cm • Stickgarnrest in Weiß •
Zackenlitze in Weiß, 2 x 14 cm • Abstandsklebepads • Konturenschere mit
Wellenrand • Fineliner in Schwarz • UHU Alleskleber und UHU Klebestift •
Vorlage Seite 95

Alle Teile gemäß Vorlage ausschneiden. Die beiden hellblauen Quadrate an zwei nebeneinanderliegenden Seiten, die bunt gemusterten
Quadrate an der abgeschrägten Ecke und das große Herz rundherum
mit einem Wellenrand versehen.

❖

Die Quadrate auf die Karte kleben und die Kanten mit der Zackenlitze
kaschieren. Das rote Herz auf das weiße Herz kleben und rundherum
mit „love" beschriften. Das Stickgarn an den Knopf knoten und diesen auf dem Herz fixieren. Das Herz gemäß Vorlage mit Abstandsklebepads auf der Karte anbringen.

Karte „LOVE"

Doppelkarte in Champagner, 10,5 cm x 15 cm • Tonkarton- oder Tonpapierrest
in Rosa-Rot gepunktet, Pink mit Struktur, Hellgelb-Weiß gepunktet und weitere Reste für die Buchstaben • Zackenlitze in Türkis, 30 cm • Abstandsklebepads • 4 Herz-Brads in Rot, 5 mm • Fineliner in Schwarz, Rot und Türkis • Lochzange • UHU Alleskleber und UHU Klebestift • Vorlage Seite 94

Schneiden Sie alle Teile gemäß Vorlage zu. Das rote Oval auf die
Karte kleben und mit den Finelinern die Verzierungen malen. Die
Buchstaben gemäß Vorlage auf dem hellgelben Oval fixieren. Die
Zackenlitze so auf der Rückseite des pinkfarbenen Ovals befestigen,
dass die Zacken über den Rand herausschauen.

❖

Das hellgelbe auf das pinkfarbene Oval kleben und mit Abstandsklebepads das komplette Oval auf der Karte fixieren. Mit der Lochzange
werden die Löcher in die Karte gestanzt und die Brads befestigt.

Grußkarte mit Gans

Doppelkarte in Weiß, 12 cm x 17 cm • Tonkartonreste in Rosa, Weiß, Rot, Hellblau-Rosa gemustert, Hellblau-Rot gemustert und Rot-Rosa gestreift • Motivstanzer „Herz", 2,5 cm und 1,5 cm • Fineliner in Schwarz • Buntstifte in Gelb und Rot • Konturenschere mit Büttenrand • Abstandsklebepads • Vorlage Seite 91

Schneiden Sie aus dem hellblau-rosa gemusterten Karton ein Rechteck von 7 cm x 13 cm und aus dem rosafarbenen Karton ein Rechteck von 6 cm x 9,5 cm zu. Die Kanten werden mit der Konturenschere gestaltet. Die Streifen haben eine Breite von 8 mm bis 1 cm. Die Herzen aus rosafarbenem und rotem Karton ausstanzen.

Nun wird die Gans mit der Transparentpapiermethode auf den weißen Karton übertragen und mit Buntstift bemalt. Das Motiv auf die Maße 4 cm x 7,5 cm zuschneiden. Dann alle Motivteile wie abgebildet aufkleben – die Herzen mit Abstandsklebepads – und das Motiv mit einer gestrichelten Linie umrahmen.

Geschenkanhänger

Tonkartonreste in Hellblau-Rosa gemustert, Rosa-Rot gestreift, Rosa-Weiß gepunktet und Rot • Baumwollkordel in Rot-Weiß • Motivstanzer „Herz", 1,5 cm • Konturenschere mit Büttenrand • Lochzange • Vorlage Seite 91

Den Anhänger und die Einzelteile ausschneiden und ein Loch stanzen. Die Ränder des Namensschildes mit der Konturenschere gestalten und das Herz ausstanzen. Nun alle Motivteile wie abgebildet zusammenfügen, den Anhänger beschriften und die Kordel durch das Loch ziehen. Der Anhänger lässt sich übrigens auch hübsch abwandeln (siehe unten).

Lotte

En present för dig!

Ein Geschenk für Dich!

Einkaufstasche mit Hülle

zusammenfaltbare Einkaufstasche in Pink • Baumwollstoff in Rot-Weiß gemustert, 20 cm • Pünktchenstoff in Rot-Weiß, 10 cm • Baumwollstoffrest in
Rosa mit Rosenmuster • Vliesofixrest • Zackenlitze in Rot, 3 mm breit •
Satinband in Rot-Weiß gepunktet, 1,5 cm breit • Taschenkarabiner • Textilkleber • Druckknopf, ø 1,2 cm, mit Werkzeug • Vorlage Seite 95 und Bogen B

Mithilfe einer Schablone die Taschenhülle viermal aus dem
gemusterten Baumwollstoff zuschneiden. Je zwei Teile rechts auf
rechts aufeinanderlegen, am trapezförmig zulaufenden Ende
von Markierung zu Markierung füßchenbreit zusammennähen,
verstürzen und ausbügeln.

❀

Das Satinband auf eine Länge von 8 cm zuschneiden, links
auf links doppelt legen, durch den Karabinerring ziehen und gemäß
der Markierung auf der Vorlage zwischen die beiden Hüllenteile
schieben. Die offenen Hüllenkanten rundum füßchenbreit zusteppen,
versäubern, verstürzen und ausbügeln.

❀

Das kleine Herz von der Vorlage auf Vliesofix übertragen,
grob ausschneiden und gemäß der Anleitung auf Seite 82 auf den
entsprechenden Stoff bügeln. Das Herz ausschneiden und
mittig auf die Taschenhülle aufbügeln. Vliesofix in der Größe der Rose
grob zuschneiden, links auf den Rosenstoff bügeln, die Rose
ausschneiden und mittig auf das Herz bügeln. Die Zackenlitze entlang
der Herzkontur aufkleben. Den Druckknopf gemäß
Herstellerangaben einarbeiten.

❀

Für den Taschenbeutel das große und das kleines Herz nach
Vorlage auf Vliesofix zeichnen, grob ausschneiden und nach Anleitung
auf Seite 82 links auf den entsprechenden Stoff bügeln.
Beide Herzen exakt ausschneiden und zuerst das große, dann das
kleine Herz auf die Tasche bügeln. Die Rose wird wie oben
beschrieben aufgebracht. Die Zackenlitze entlang den
Konturen des großen Herzens festkleben.

Flaschenhülle

Baumwollstoff mit Rot-Weiß gemustert, 35 cm • Karostoffrest in Rot-Weiß • Herzbordüre in Rot-Weiß kariert, 2,5 cm breit • Schleifenband in Rot-Weiß gestreift, 1 cm breit • Zackenlitze in Rot, 3 mm breit • Kordel in Rot-Weiß • Satinrose in Rot • Papieranhänger • Vliesofixrest • Textilkleber • Vorlage Seite 95

Den Baumwollstoff auf eine Größe von 64 cm x 32 cm zuschneiden, der Länge nach rechts auf rechts auf die Hälfte legen und mit 1 cm Nahtzugabe zusammennähen. Die Naht ausbügeln und die obere Kante nach innen umschlagen, sodass die Nähte links auf links aufeinanderliegen. Die Umbruchkante einbügeln, die offene Kante schließen, versäubern, die Ecken abnähen (siehe Seite 83), beschneiden und versäubern. Dann die Hülle auf rechts drehen.

An der oberen Umbruchkante von rechts die Herzbordüre so aufsteppen, dass die Herzbögen überstehen. Auf der Vorderseite das Karoherz mit Vliesofix gemäß der Anleitung auf Seite 82 aufbügeln und mit Satinröschen und Zackenlitze verzieren. Für das Band ein Schleifenband auf eine Länge von 60 cm zuschneiden, doppelt legen und 9 cm von der oberen Umbruchkante im Nahtschatten feststeppen.

Den Papieranhänger beschriften und mit einem Herz der Herzbordüre dekorieren. Die Flasche in die Hülle stellen, mit dem Band verschließen und den Papieranhänger mit der Kordel daran befestigen.

Teetasse mit Tee-Ei und Schälchen

Henkeltasse in Weiß • kleines Schälchen in Weiß • Tee-Ei • Porzellanmalfarbe in Rot und Weiß • Thermoknetmasse in Rot und Weiß • Vichykaroband in Rot-Weiß, 5 mm breit • Baumwollkordel in Rot-Weiß • Pünktchenstoff in Rot-Weiß, 30 cm • Papieranhänger • Ausstecher „Herz", 2 cm

Unterteilen Sie die Tassenoberkante in drei gleich große Abschnitte und markieren Sie diese mit Bleistift. Für die Bögen Bogenmittelpunkt und Tiefe festlegen (ca. 1,5 cm). Bögen, Herzen und Punkte mit Bleistift auf die Tasse vorzeichnen. Dabei mittig ein großes Herz und seitlich zwei kleine Herzen aufmalen. Alles mit Porzellanmalfarbe in Rot ausmalen und trocknen lassen. Das große Herz mit dem gewünschten Monogramm versehen. Die Farbe nach Herstellerangaben im Backofen fixieren. Verfahren Sie beim Schälchen wie eben beschrieben (Bogentiefe 7 mm).

Die Thermoknetmasse in Rot weich kneten, 5 mm dick ausrollen und ein Herz ausstechen. Aus weißer Knete eine Rolle formen, zur Schleife legen und auf dem Herz anbringen. In das Herz ein Loch bohren, das Herz nach Herstellerangaben im Backofen aushärten und an das Tee-Ei hängen.

Den Baumwollstoff auf die Maße 34 cm x 22 cm zuschneiden und wie die Flaschenhülle auf Seite 78 – allerdings ohne Applikation und Herzbordüre – anfertigen. Das Karoband auf eine Länge von 45 cm zuschneiden und 3 cm von der oberen Kante im Nahtschatten festriegeln. Den Papieranhänger beschriften und mit der Kordel an den Stoffbeutel binden.

Herzdose

*Pappdose in Herzform, 27 cm x 26 cm x 17 cm • Baumwollstoff in
Rot-Weiß mit Ornament, 20 cm • Blümchenstoffrest in Rot-Weiß • Rips-
band in Rot-Weiß gepunktet, 2,5 cm breit • Acrylfarbe in Weiß •
Klarlack, glänzend • Textilkleber*

Den Dosendeckel innen und außen, das Dosenunterteil
innen und 3 cm breit an der oberen Außenkante zweimal mit Acrylfarbe bemalen und mit Klarlack lackieren. Das Dosenunterteil ausmessen, von der Höhe 3 cm (Deckelkante) abziehen und auf Vliesofix auf-
zeichnen. Das Vliesofix gemäß der Anleitung auf Seite 82 von links
auf den mit Ornamenten verzierten Baumwollstoff aufbügeln,
ausschneiden und auf das Dosenunterteil aufbügeln.

Für die Schleife den Deckelumfang ausmessen, 30 cm für
die Schleife zugeben, zuschneiden und bündig entlang der oberen
Deckelkante aufkleben, dabei neben der Herzspitze beginnen und je
15 cm für die Schleife überstehen lassen. Drei Stoffrosen aus
dem Ornamentstoff und dem Blümchenstoffrest nach der Anleitung
auf Seite 83 anfertigen und mittig auf den Dosendeckel kleben.

Untersetzer

Holzbox mit sechs MDF-Untersetzern • Acrylfarbe in Weiß •
Klarlack, glänzend • Serviette in Hellblau-Weiß und Rot-Weiß kariert •
Serviette in Rot-Weiß gepunktet • Découpagelack • Satinband in Rot, 3 mm breit •
Zackenlitze in Rot, 3 mm breit • Deko-Vogel aus Styropor, 3 cm • Textilkleber •
Zackenschere • Vorlage Seite 93

Bemalen Sie die Holzbox und alle Untersetzer zweimal
mit Acrylfarbe in Weiß und lackieren Sie die Holzbox zusätzlich mit Klarlack.
Die obere und untere Kante der Holzbox mit Satinband in Rot und
die untere Kante zusätzlich mit Zackenlitze bekleben. Den kleinen Vogel
dekorativ in die vordere Öffnung der Box setzen.

❈

Aus der Serviette in Hellblau pro Untersetzer je ein 9 cm x 9 cm
großes Quadrat mit der Zackenschere ausschneiden und mit Découpagelack
(siehe Seite 82) mittig aufbringen. Nach dem Trocknen die Motive
auf die entsprechende Serviette übertragen, ausschneiden und mit
Découpagelack mittig auf das karierte Quadrat aufbringen. Nach dem Trocknen alle Untersetzer rundum mit Découpagelack überziehen.
Die Außenkanten der Untersetzer mit Satinband in Rot bekleben und
die Enden an einer Ecke zur Schleife binden.

Allgemeine Anleitung

Ihre Grundausstattung

Neben den in der jeweiligen Materialliste genannten Dingen sollten Sie zusätzlich ein paar Werkzeuge und Hilfsmittel griffbereit haben, die immer wieder nützlich sind. Dazu gehören:

Bleistift und Radiergummi • Metalllineal • Alleskleber • Heißklebepistole • Transparentpapier, Schneiderkopierpapier und dünne Pappe (Vorlagen übertragen) • Papier- und Stoffschere • Cutter mit geeigneter Schneideunterlage • Nähmaschine • Nähgarn (farblich passend zum Modell) • Steck- und Nähnadeln • Bügeleisen • Pinsel und Wasserglas • Dekupier- oder Laubsäge • Bohrmaschine mit passenden Aufsätzen für Holz • Schleifpapier • Schraubzwingen

Hinweis: Mit „Rest" wird in den Materiallisten immer ein Stück bezeichnet, das maximal A5 groß ist.

Vorlagen übertragen

Je nach Material und Modell gibt es verschiedene Möglichkeiten, Vorlagen zu übertragen:

Bei Papier bzw. unebenen Flächen empfehlen wir die Transparentpapiermethode: Einfach die Vorlage auf Transparentpapier durchpausen, die Linien auf der Rückseite mit einem weichen Bleistift schraffieren, dann das Papier auf das gewünschte Material legen und die Linien mit einem harten Stift nachziehen.

Benötigen Sie mehrere gleiche Motivteile, ist das Anfertigen von Schablonen empfehlenswert. Dazu das Motiv zunächst auf Transparentpapier durchpausen, grob ausschneiden und auf dünne Pappe kleben. Das Motiv ausschneiden und die Schablone

anschließend auf das gewünschte Material (z. B. Stoff oder Papier) auflegen und mit einem Stift umfahren.

Große Schnittteile übertragen Sie am besten mit Schneiderkopierpapier auf die Stoffe. Dazu das Schnittteil vom Vorlagenbogen abpausen, ausschneiden, mit Stecknadeln auf dem Stoff fixieren, ggf. die Nahtzugabe anzeichnen und ausschneiden.

Découpagetechnik

Bei der Découpagetechnik wird ein Untergrund mit einem Serviettenmotiv beklebt. Man unterscheidet zwischen zwei Verfahren: die Reiß- und die Schneidetechnik.

Trennen Sie die obere, bedruckte Serviettenlage ab und reißen oder schneiden Sie das gewünschte Motiv oder Muster aus. Lackieren Sie den Untergrund mit Découpagelack, legen Sie das Motiv auf die vorlackierte Stelle und streichen Sie es mit Découpagelack ein, damit es sich fest mit dem Untergrund verbindet. Motive werden übrigens immer von links auf die Serviette übertragen.

So geht's leichter: Motive können ganz leicht aus der Serviette herausgetrennt werden, indem das Motiv mit einem nassen Pinsel umfahren wird.

Arbeiten mit Vliesofix

Für das Applizieren von Stoffteilen oder Motiven wird Vliesofix verwendet. Sie können alternativ aber auch BSN-Folie nehmen. Beide Materialien werden gleich verarbeitet:

Das Vliesofix mit der Papierseite nach oben auf die Rückseite des gewünschten Stoffes aufbügeln. Übertragen Sie dann die Vorlage auf das Papier der Folie. Achten Sie dabei darauf, dass das Schnittteil spiegelverkehrt aufgezeichnet werden muss!

Nun das Teil entlang den Linien sauber ausschneiden. Ziehen Sie das Papier ab, legen Sie das Teil auf die gewünschte Stelle und fixieren Sie es mit dem Bügeleisen. Legen Sie dabei zum Schutz Ihres Bügeleisens ein dünnes Baumwolltuch dazwischen.

Hinweis: Wenn Sie Stoff- oder Papierteile mit doppelseitiger Klebefolie aufbringen möchten, gehen Sie ebenfalls wie oben beschrieben vor. Nur das Bügeln entfällt dann selbstverständlich.

Arbeiten mit Stoff   # Arbeiten mit Holz

Stoffrosen

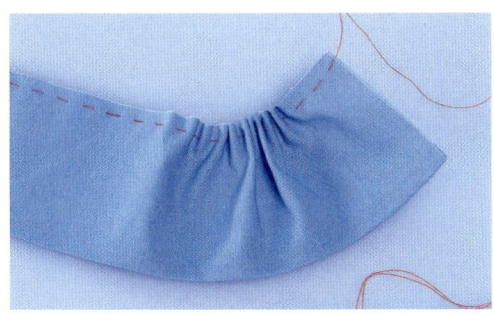

Legen Sie den Stoffstreifen der Länge nach zur Hälfte und nähen Sie die offenen Längskanten mit einfachem Vorstich aufeinander. Ziehen Sie den Stoff mit dem Faden zusammen, sodass er sich kräuselt, und rollen Sie ihn zur Rose auf. Schlagen Sie dabei die Enden im 45-Grad-Winkel ein und fixieren Sie die Rose mit ein paar Stichen.

Stoff nähen

Für das Anfertigen der Modelle dieses Buches sind nur wenige Spezialstiche wie der Matratzenstich erforderlich.

Matratzenstich

Er wird zum Aneinandernähen von Stoffteilen verwendet. Einfach die Teile aufeinanderlegen und den Faden abwechselnd und in gleichmäßigen Abständen durch die Stoffteile führen.

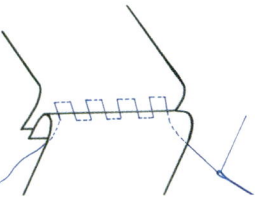

Ecken abnähen

Um Ecken abzunähen, wird die seitliche Stoffkante auf die untere Naht gelegt. Das entstandene Dreieck abnähen, abschneiden und versäubern.

Hinweis: Die in den Anleitungstexten angegebenen Maße verstehen sich immer inklusive Nahtzugabe (wenn nicht anders angegeben: 1 cm).

So geht's leichter:

Stoffe, die später evtl. gewaschen werden, unbedingt vor dem Zuschnitt waschen. Sonst besteht die Gefahr, dass sie unterschiedlich stark eingehen und das fertige Modell unschön wird.

Muss auf ein Stoffteil Volumenvlies oder Vlieseline aufgebracht werden, am besten immer zuerst das Vlies aufbügeln und dann erst das Stoffteil zuschneiden.

„Rechts auf rechts" heißt, dass die Stoffteile mit der rechten Seite — also mit der schönen Vorderseite — aufeinandergelegt und zusammengenäht werden. „Links auf links" heißt hingegen, dass die Stoffteile mit der weniger schönen Rückseite aufeinanderliegen.

Die Pfeile in den Vorlagen zeigen den Fadenverlauf an.

Motive aussägen

Fertigen Sie von allen Einzelteilen Schablonen und übertragen Sie sie mit Bleistift auf das Holz. Dann werden alle Teile mit der Dekupier- oder Laubsäge ausgesägt. Sämtliche Kanten werden mit Schmirgelpapier geglättet und Löcher mit dem Bohrer gebohrt.

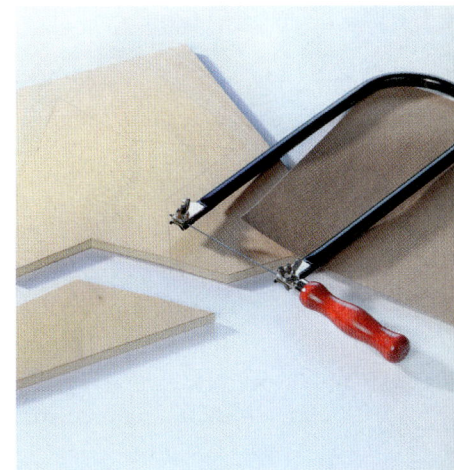

Wenn Innenflächen ausgesägt werden müssen, ein Loch in die Innenfläche bohren, das Sägeblatt ausspannen, durch das Loch ziehen, wieder einspannen und die Innenfläche aussägen.

Nass-in-nass-Technik

Bei der Nass-in-nass-Technik werden die noch feuchten Farben an den Übergängen und die Schattierungen direkt auf dem Holz ineinandergearbeitet, jedoch nicht komplett vermalt. So erhält man fließende, weiche Farbübergänge. Die Farben immer von der hellen Farbe ausgehend mischen.

För trädgårdsarbetet

Gießkanne
Seite 16

För trädgårdsarbetet

Gartenschürze
Kniekissen
Seite 12–14

För trädgårdsarbetet

Kräuterstecker
Seite 17

Vi firar en fest!

Patchwork-Tischdecke
Seite 8/9

A	B	C	A	B	C	A
C	A	B	C	A	B	C
A	B	C	A	B	C	A
C	A	B	C	A	B	C

A = Blümchenstoff
B = Tupfenstoff
C = Karostoff

Semester i trädgården

Wimpel-Girlande
Seite 22

offen

je 2 x pro Wimpel

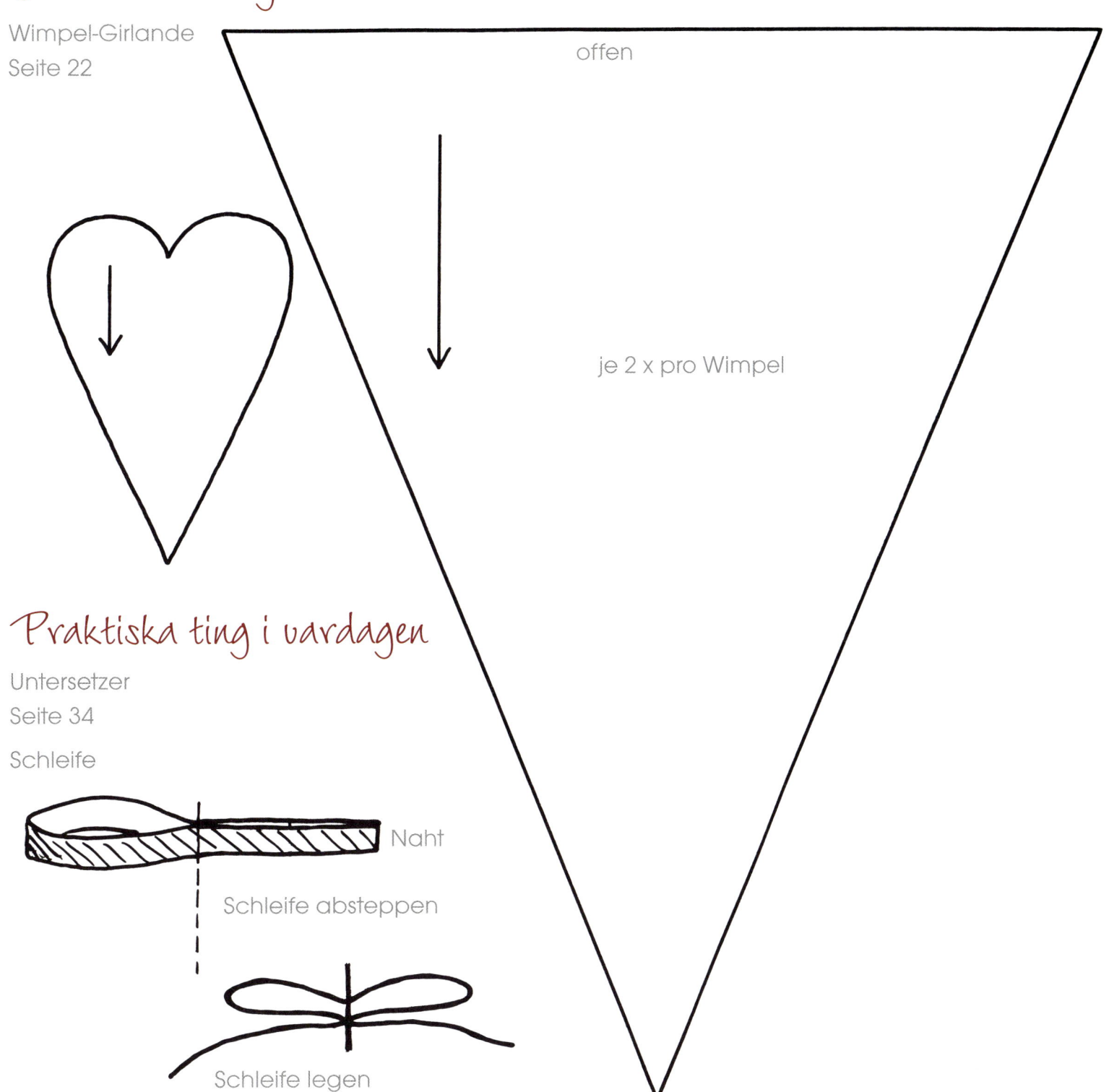

Praktiska ting i vardagen

Untersetzer
Seite 34

Schleife

Naht

Schleife absteppen

Schleife legen

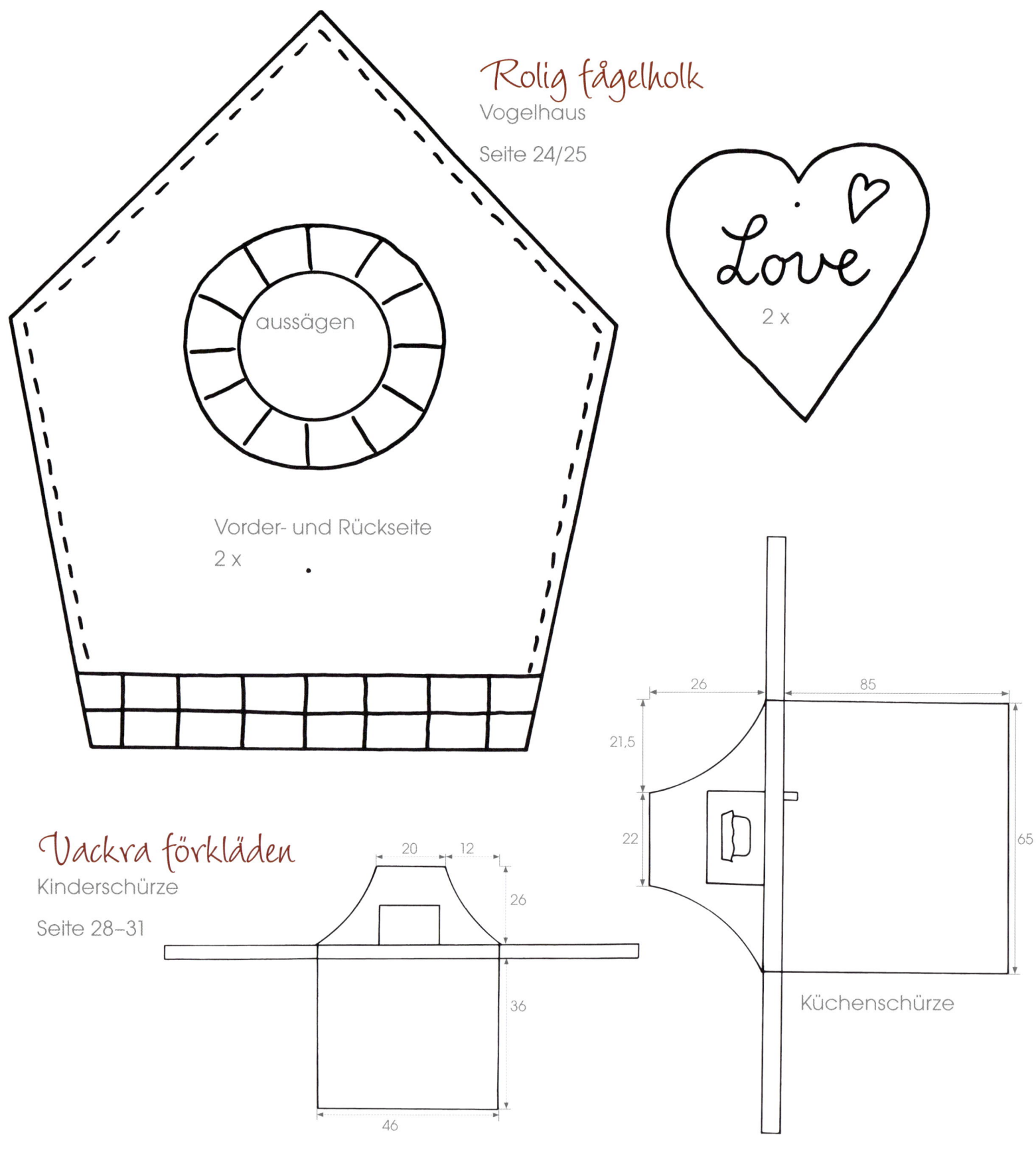

Rolig fågelholk
Vogelhaus

Seite 24/25

aussägen

Vorder- und Rückseite

2 x

Love

2 x

Vackra förkläden

Kinderschürze

Seite 28–31

20   12

26

36

46

26   85

21,5

22

65

Küchenschürze

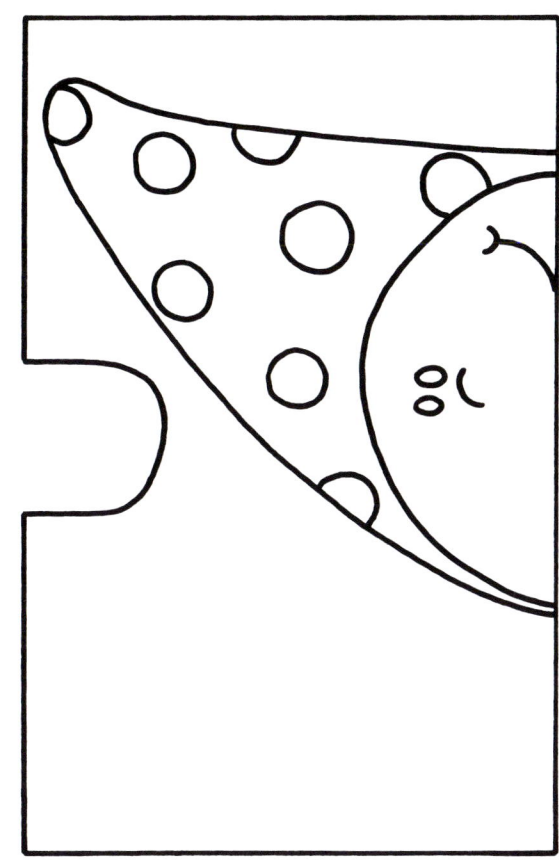

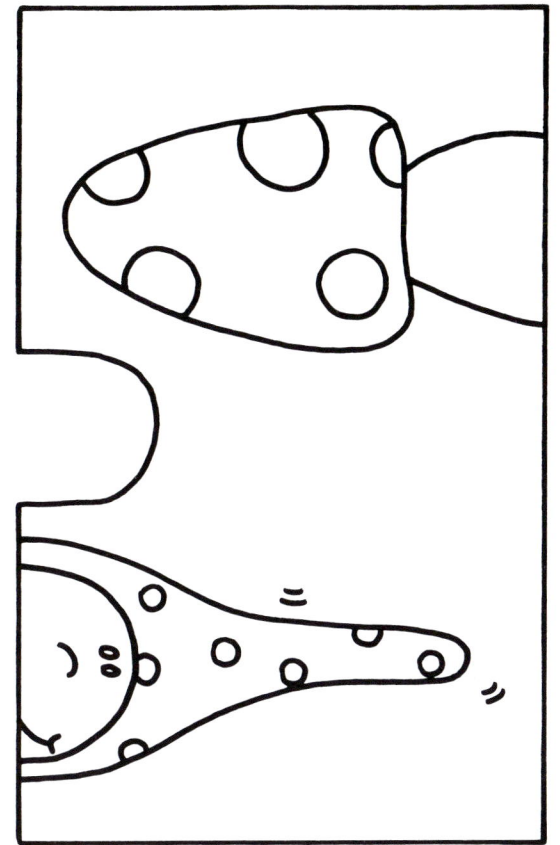

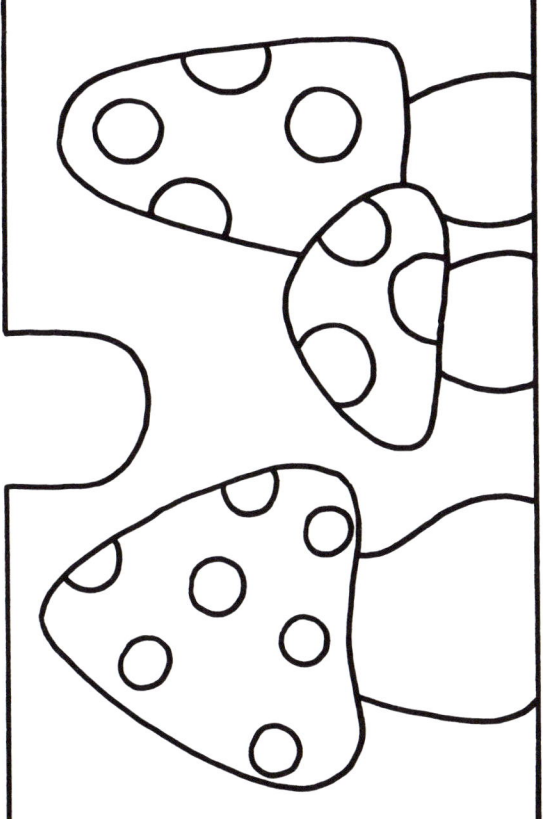

Mycket får plats!

Schubladenbox
Seite 41

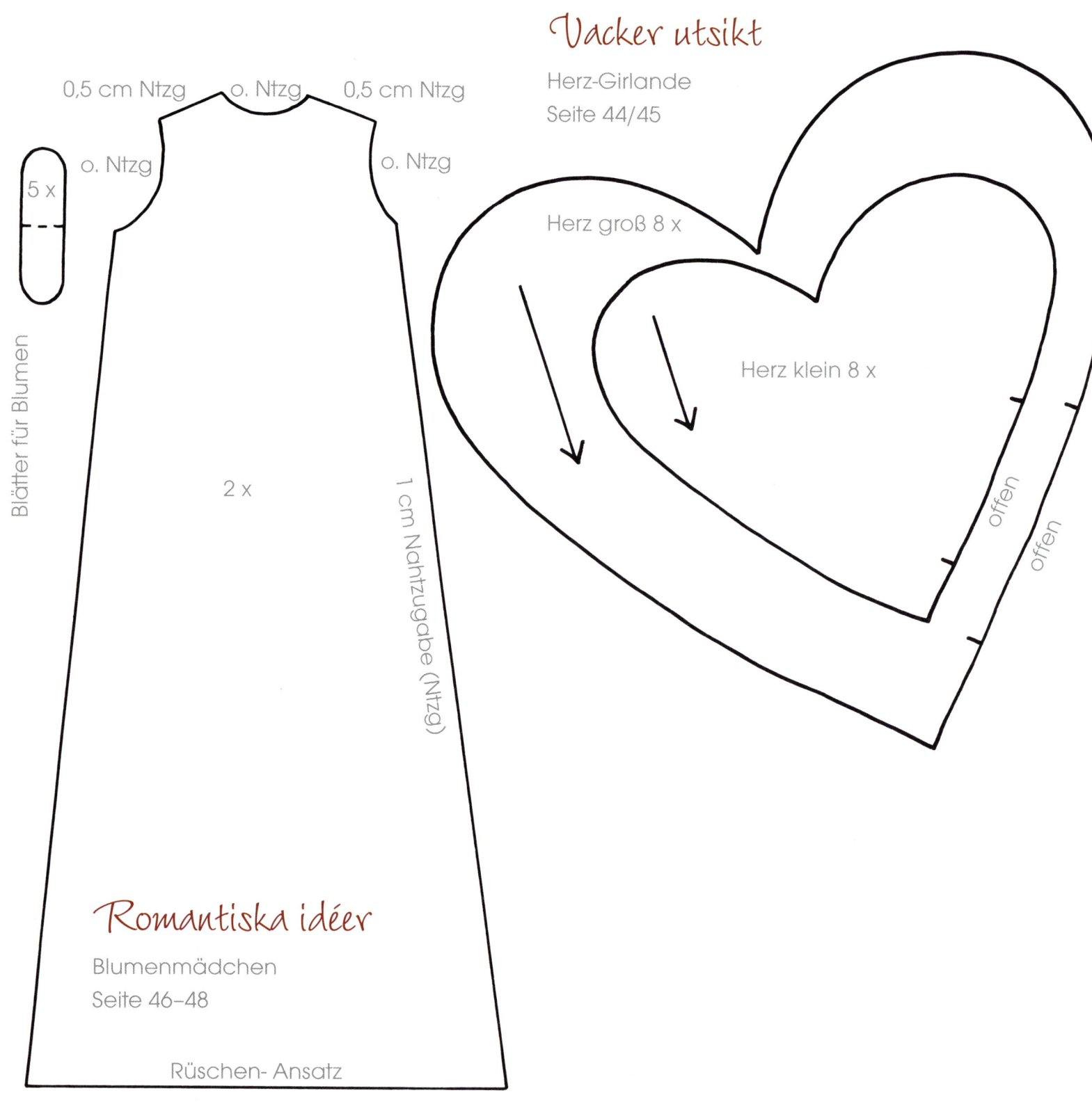

0,5 cm Ntzg   o. Ntzg   0,5 cm Ntzg

o. Ntzg   o. Ntzg

5 x

Blätter für Blumen

2 x

1 cm Nahtzugabe (Ntzg)

Romantiska idéer

Blumenmädchen
Seite 46–48

Rüschen- Ansatz

1 cm Nahtzugabe (Ntzg)

Vacker utsikt

Herz-Girlande
Seite 44/45

Herz groß 8 x

Herz klein 8 x

offen

offen

Romantiska idéer

Dekoration mit Stoffherz
Seite 48/49

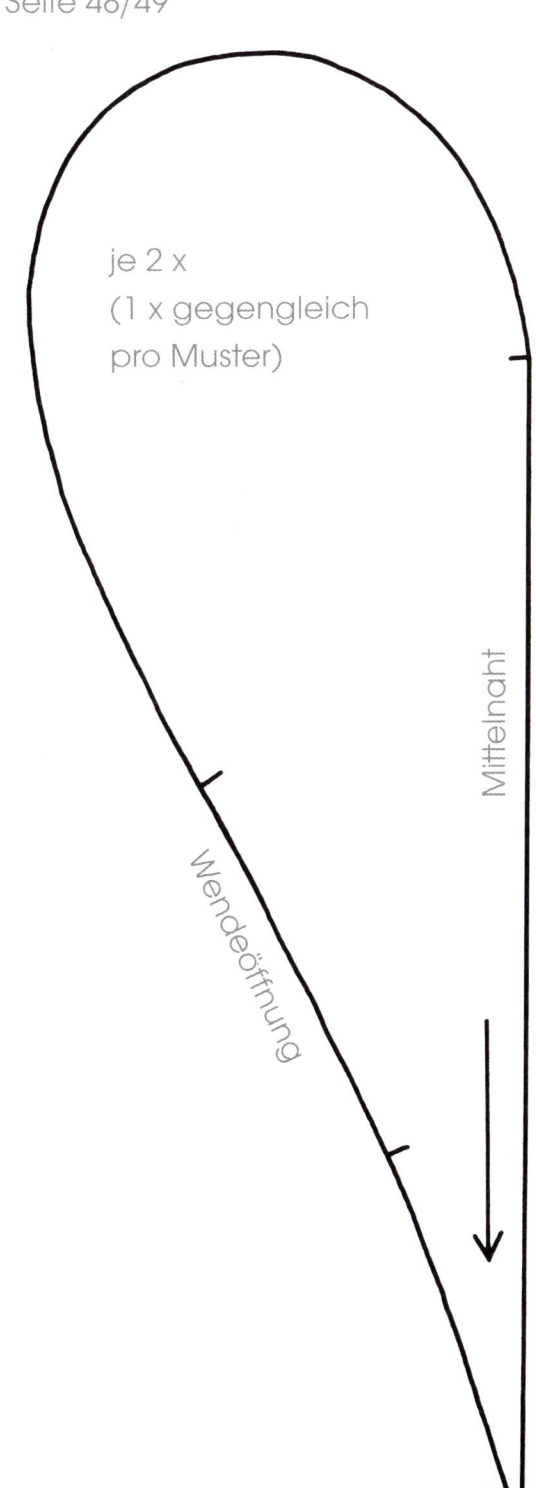

je 2 x
(1 x gegengleich
pro Muster)

Mittelnaht

Wendeöffnung

Jill bords!

Geschirr
Seite 52/53

Schüsselchen

Becher + Zuckerdose

Teller

Får – mjukt och mysigt

Schafpuppe
Seite 54/55

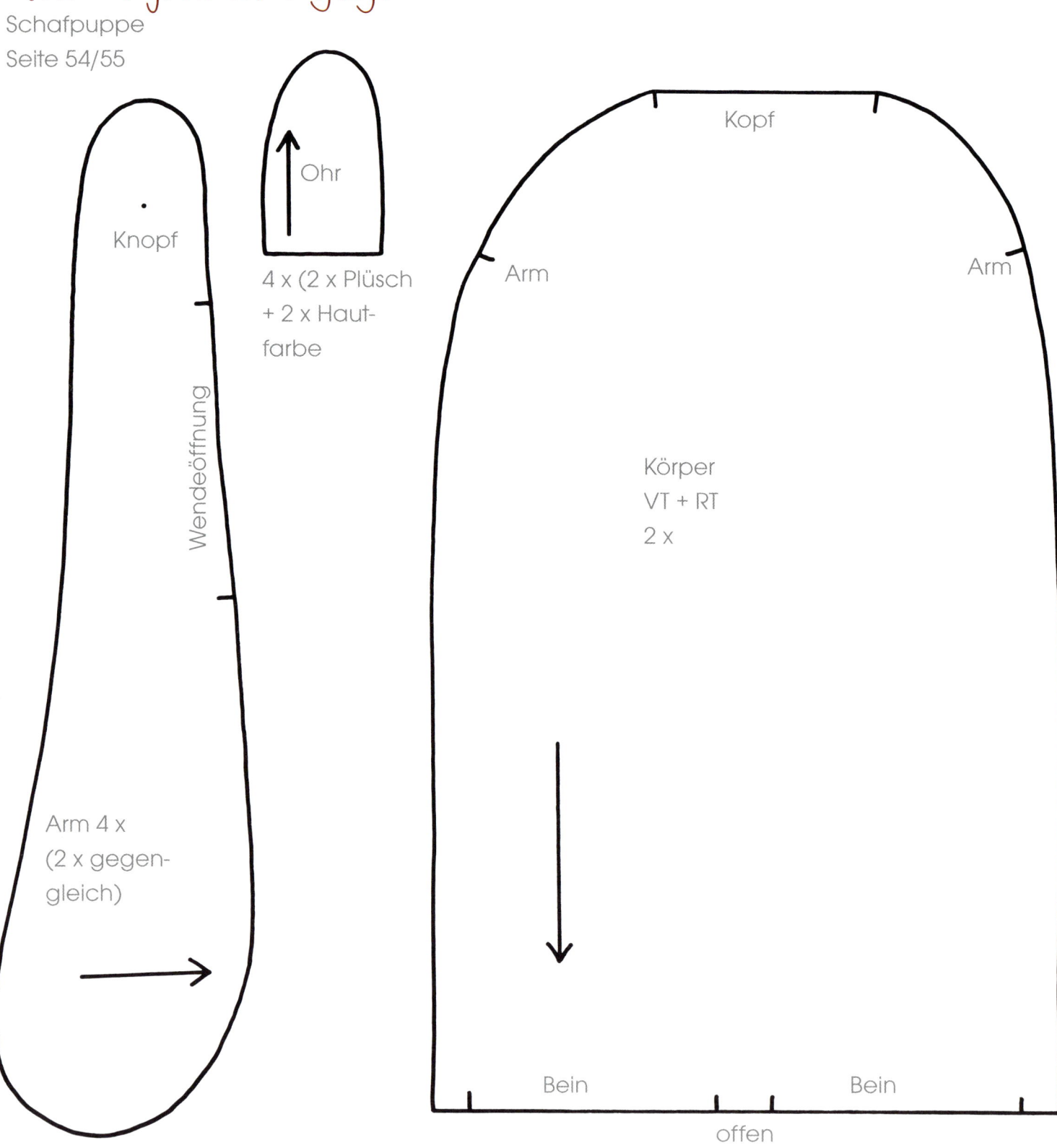

Knopf

Wendeöffnung

Arm 4 x
(2 x gegen-
gleich)

Ohr

4 x (2 x Plüsch
+ 2 x Haut-
farbe

Kopf

Arm

Arm

Körper
VT + RT
2 x

Bein

Bein

offen

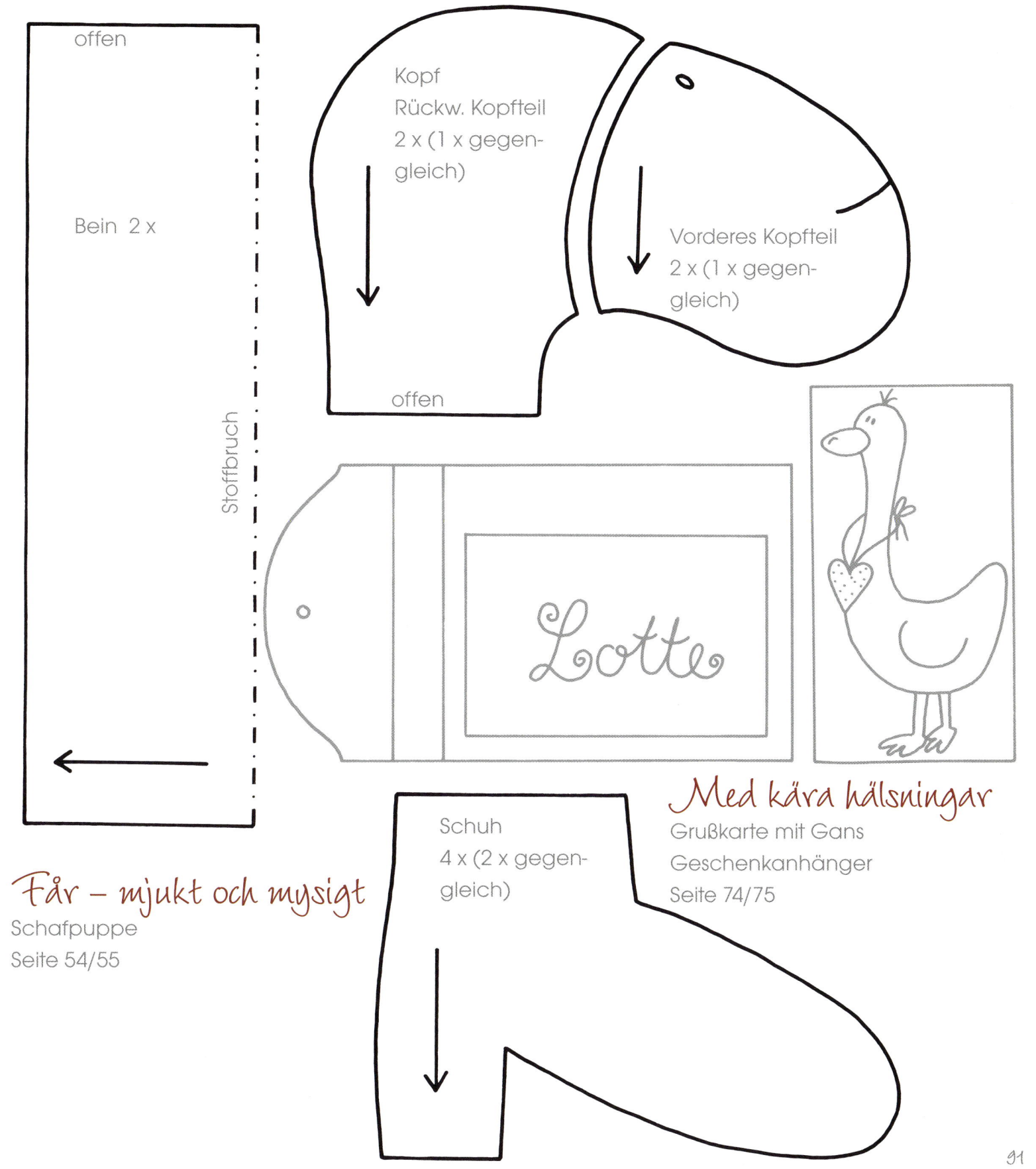

offen

Bein 2 x

Kopf
Rückw. Kopfteil
2 x (1 x gegen-
gleich)

Vorderes Kopfteil
2 x (1 x gegen-
gleich)

offen

Stoffbruch

Lotte

Med kära hälsningar

Grußkarte mit Gans
Geschenkanhänger
Seite 74/75

Får – mjukt och mysigt

Schafpuppe
Seite 54/55

Schuh
4 x (2 x gegen-
gleich)

Dekorationer av trä
Lichterkette
Seite 59

20 x

4 x

Dekorationer av trä
Kranz mit Herzen
Seite 58/59

Små idéer – stor verkan
Stoffvogel
Seite 66

2 x

En present för dig!
Untersetzer
Seite 81

Små idéer – stor verkan
Girlande
Seite 68

2 x

Med kära hälsningar

Karte „Love"
Seite 72/73

.ø 2 mm

För trädgårdsarbetet

Gartenschürze
Seite 12/13

Skizze für aufgesetzte Tasche

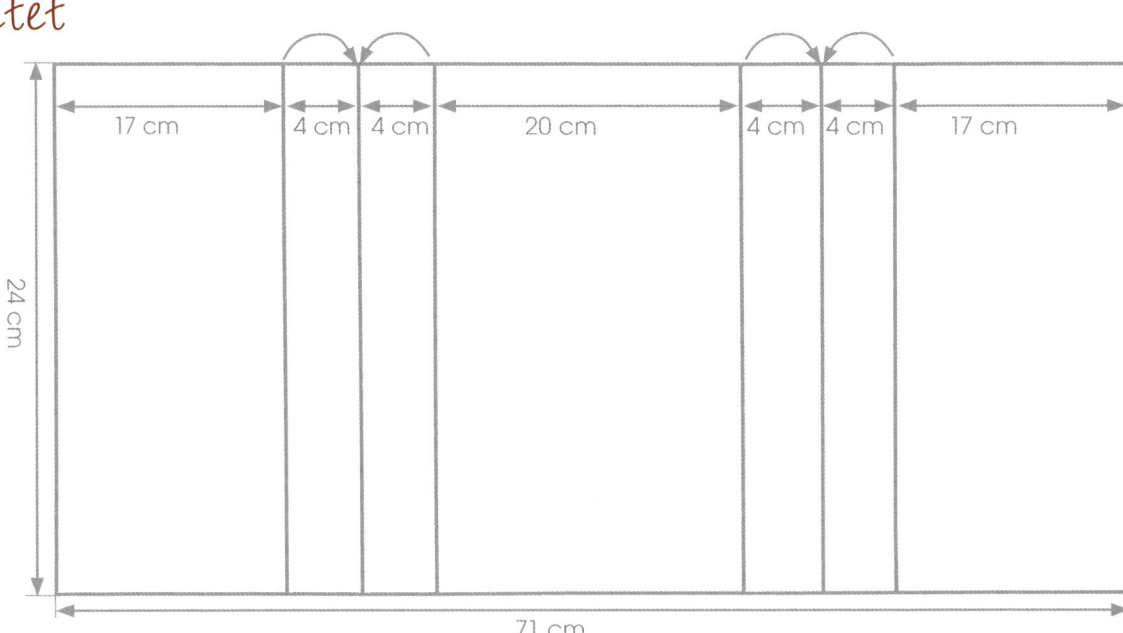

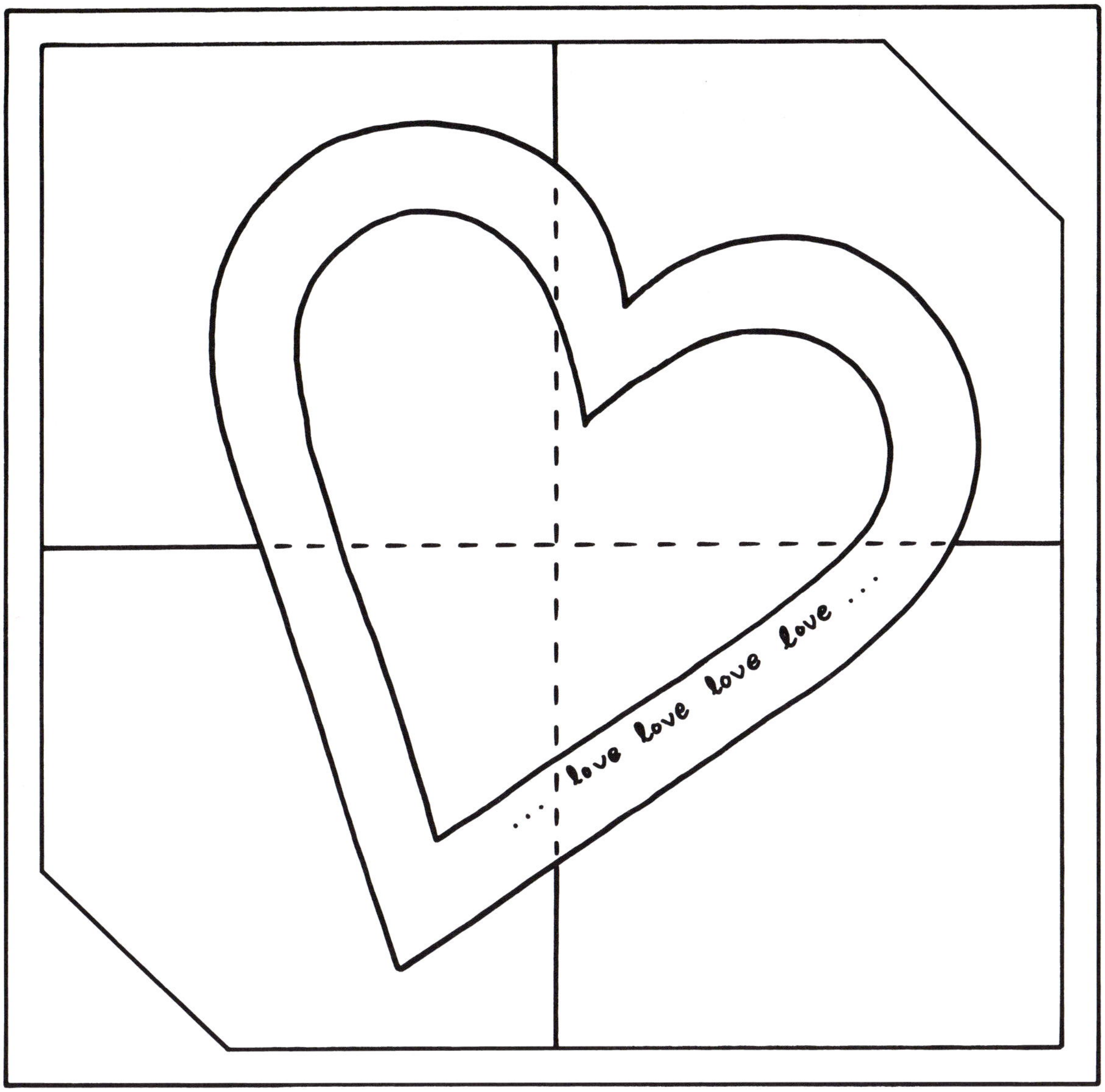

Herzkarte
Seite 72/73

love love love love ...

En present för dig!

Flaschenhülle
Einkaufstasche mit Hülle
Seite 76–78

Nadja Knab-Leers lebt mit ihrem Mann und ihrem 13-jährigen Sohn im südbadischen Waldkirch. Kreativität zieht sich wie ein roter Faden durch ihr Leben und ihre Arbeit. So war ihr schon bald nach der Ausbildung zur Mode-Direktrice klar, dass nicht nur Stoffe ihr Gestaltungsmedium sein sollten. Durch das Angebot eines renommierten Unternehmens im Bastelbereich konnte sie ihre kreative Leidenschaft mit immer neuen Materialien ausleben und z. B. in Zeitschriften, im Fernsehen und auf Messen präsentieren. Auch für dieses Buch war sie auf der Suche nach Dingen, die etwas Besonderes an sich haben – frei nach dem Motto: „Kleine Dinge in Szene zu setzen, macht Alltägliches zu etwas Besonderem und vermittelt Lebensfreude."

Weitere Informationen zu Nadja Knab-Leers finden Sie auf ihrer Homepage www.stilzauberei.de.

Heike Roland und **Stefanie Thomas** lernten sich 1996 durch ihr gemeinsames Hobby, dem Bärenmachen, auf einer Künstler-Teddybären-Messe kennen. Fortan reisten sie zusammen mit ihren Familien und den lustigen Petzen zu Verkaufsveranstaltungen in Deutschland, Österreich, England und den USA. Irgendwann war das „Bärenfieber" abgeklungen, aber dafür sprudelten zahllose neue kreative Ideen. Seither wird viel gesägt, gebohrt, gemalt, geschnipselt, geklebt, gefilzt und genäht. Mitte 2004 erschien ihr erstes Buch im frechverlag.

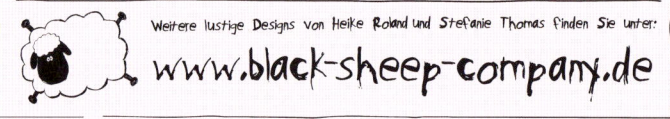

Weitere lustige Designs von Heike Roland und Stefanie Thomas finden Sie unter:
www.black-sheep-company.de

Impressum

Hilfestellung zu allen Fragen, die Materialien und Bastelbücher betreffen: Frau Erika Noll berät Sie.

Rufen Sie an: 05052/911858*

*normale Telefongebühren

Wir danken den Firmen Gütermann creativ/KnorrPrandell (Gutach/Lichtenfels), Rayher Hobby GmbH (Laupheim), DECO-LINE, http://www.deco-line-kollnau.de, (Kollnau), Veno (Bad Bentheim-Gildehaus), Freudenberg (Weinheim), IHR (Essen), Westfalenstoffe (Münster) für die freundliche Unterstützung mit Materialien.

MODELLE: Nadja Knab-Leers (Seite 8–16, 28–37, 64–69, 76–81), Heike Roland/Stefanie Thomas (Seite 17–25, 38–41, 44–63, 72–75)

FOTOS: frechverlag GmbH, 70499 Stuttgart; lichtpunkt, Michael Ruder, Stuttgart

PRODUKTMANAGEMENT UND LEKTORAT: Katrin Hartmann

LEITUNG PRODUKTMANAGEMENT: Bernhard Auge

GRAFISCHE GESTALTUNG UND UMSETZUNG: Katrin Röhlig

GRAFISCHE MUSTER: Miriam Dornemann

DRUCK UND BINDUNG: Mohn Media, Gütersloh

© 2010 **frechverlag** GmbH, 70499 Stuttgart

Auflage:	5.	4.	3.	2.	1.
Jahr:	2014	2013	2012	2011	2010

[Letzte Zahlen maßgebend]   PRINTED IN GERMANY

ISBN 978-3-7724-5565-0

Best.-Nr. 5565